Clemens Höpfner

Überlegungen zu einer Reform des Arbeitskampf- und Schlichtungsrechts

Schriftenreihe der Juristischen Gesellschaft zu Berlin

—

Heft 203

Clemens Höpfner

Überlegungen zu einer Reform des Arbeitskampf- und Schlichtungsrechts

—

DE GRUYTER

Prof. Dr. *Clemens Höpfner*,
Geschäftsführender Direktor des Instituts für Arbeits- und Wirtschaftsrecht der Universität zu Köln

ISBN 978-3-11-169650-8
e-ISBN (PDF) 978-3-11-169706-2
e-ISBN (EPUB) 978-3-11-169729-1
DOI https://doi.org/10.1515/9783111697062

Bibliografische Information der Deutschen Nationalbibliothek
Die Deutsche Nationalbibliothek verzeichnet diese Publikation in der Deutschen Nationalbibliografie;
detaillierte bibliografische Daten sind im Internet über http://dnb.dnb.de abrufbar.

© 2025 bei den Autoren, publiziert von Walter de Gruyter GmbH, Berlin/Boston,
Genthiner Straße 13, 10785 Berlin
Dieses Buch ist als Open-Access-Publikation verfügbar über www.degruyter.com.

www.degruyter.com
Questions about General Product Safety Regulation:
productsafety@degruyterbrill.com

Inhalt

A. Die zunehmende Eskalation von Tarifkonflikten

Zu Beginn des Jahres 2024 konnte man den Eindruck gewinnen, dass Deutschland sich in einem Dauerstreikmodus befinde. Über Wochen hinweg reihte sich ein Arbeitskampf an den nächsten. Besonders betroffen war der Verkehrssektor: Lokführer, Busfahrer, das Sicherheitspersonal an den Flughäfen, die Flugbegleiter und das Bodenpersonal der Lufthansa – es gab praktisch kaum einen Berufszweig, in dem Gewerkschaften nicht dazu aufgerufen hatten, die Arbeit niederzulegen. Die Krankenhausärzte und die Arztpraxen waren ebenfalls im Jahr 2024 an der Reihe, das Personal in Kindergärten und Kindertagesstätten ein Jahr zuvor. Arbeitskämpfe in der sog. Daseinsvorsorge[1] – insbesondere Verkehr, Gesundheit und Kinderbetreuung – ziehen zwar mit Abstand die größte Aufmerksamkeit auf sich, weil breite Gruppen der Bevölkerung von ihren Auswirkungen mittelbar betroffen sind. Gleichwohl gab und gibt es auch jenseits davon zahlreiche Arbeitskämpfe, die weniger im Fokus der Öffentlichkeit stehen. So waren im Frühjahr 2024 etwa weitere Streiks im Einzelhandel oder nach einer gescheiterten Schlichtung in der Baubranche zu verzeichnen.

Im internationalen Vergleich steht Deutschland bei den arbeitskampfbedingten Ausfalltagen im Zeitraum von 2013 bis 2022 im Mittelfeld, weit entfernt von französischen Verhältnissen, aber immerhin mit 18-mal so vielen Streiktagen wie in Österreich und in der Schweiz.[2] Zur Wahrheit gehört jedoch auch: Im Jahr 2023 waren nach der (unvollständigen) Streikstatistik der Bundesagentur für Arbeit 590.403 streikbedingte Ausfalltage zu verzeichnen. Im Vergleich zu 2022 (266.694) sind dies mehr als doppelt so viele Ausfalltage, im Vergleich zu 2021 (374.411) ein Anstieg um mehr als die Hälfte. Von 1993 bis 2023 gab es lediglich im Jahr 2015 mehr streikbedingte Ausfalltage als 2023.

Hinzu kommt, dass beide Datenerhebungen zur Zahl und zum Umfang von Arbeitskämpfen in Deutschland, die der Bundesagentur für Arbeit ebenso wie die des Wirtschafts- und Sozialwissenschaftlichen Instituts (WSI) der Hans-Böckler-Stiftung, unter erheblichen Erfassungsdefiziten leiden. So handelt es sich bei der Arbeitskampfbilanz des WSI nach eigenen Aussagen lediglich um eine „informierende Schätzung auf Basis von Gewerkschaftsangaben, Pressemeldungen und Medien-Recherchen (Online und Print)", die „keinen Anspruch auf Vollständigkeit"

---

1 Zum Begriff s. *Rudkowski*, Streik in der Daseinsvorsorge, 2010, S. 33 ff.
2 Vgl. die Darstellung der arbeitskampfbedingten Ausfalltage im Zeitraum von 2012 bis 2021 bei *Dribbusch/Luth/Schulten*, WSI-Arbeitskampfbilanz 2023, WSI-Report Nr. 95, Juni 2024, S. 26.

erhebt.[3] Die Streikstatistik der Bundesagentur für Arbeit beruht hingegen auf den von Arbeitgebern nach § 320 V SGB III abzugebenden Anzeigen über Arbeitskämpfe, die in ihrem Betrieb stattfinden, und die Zahl der betroffenen Arbeitnehmer. Die Daten weisen jedoch eine erhebliche Unvollständigkeit auf: Ausgewiesen werden nur diejenigen Streiks und Aussperrungen, an denen im betroffenen Betrieb mindestens zehn Arbeitnehmer beteiligt waren und die mindestens einen Tag dauerten oder durch die ein Verlust von mehr als 100 Arbeitstagen entstanden ist. Alle anderen Streitigkeiten gelten als Bagatellstreitigkeiten und werden lediglich nachrichtlich aufgeführt. Aus diesem Grunde heißt es bei der Bundesagentur für Arbeit: „Aufgrund des geschilderten Sachverhalts ist davon auszugehen, dass die in der Streikstatistik der BA ausgewiesenen Zahlen über betroffene Personen, Betriebe und ausgefallene Arbeitstage untererfasst sind."[4] Die Aussagekraft beider Statistiken ist daher begrenzt.

Darüber hinaus ist äußerste Zurückhaltung geboten, wenn man die Zahlen aus Deutschland international vergleichen will. So führt die Bundesagentur für Arbeit zu jeder Streikstatistik einleitend aus: „Für internationale Vergleiche ist die Streikstatistik aufgrund methodischer Unterschiede zu den Statistiken anderer Länder nicht geeignet. Die Streikstatistiken basieren in den einzelnen Ländern auf unterschiedlichen Erhebungsmethoden, die großen Einfluss auf die Ergebnisse haben können."[5] So finden etwa in Kanada Aussperrungen und in Frankreich politische Streiks Eingang in die Statistik.[6] Letztere entsprechen in Deutschland funktional eher Demonstrationen als Streiks und sind vom Schutzbereich des Art. 9 Abs. 3 GG nicht umfasst.[7]

Doch selbst wenn man die Zahl der Streikausfalltage exakt berechnen könnte, wäre dieser Wert für sich genommen nur von begrenzter Aussagekraft. Die eigentlich relevanten Größen sind weniger die Ausfalltage oder -stunden, sondern die von Arbeitskämpfen verursachten wirtschaftlichen Schäden und ihre Auswirkun-

---

3 *Dribbusch/Luth/Schulten*, WSI-Arbeitskampfbilanz 2023, WSI-Report Nr. 95, Juni 2024, S. 36. Siehe dort auch die weiteren Details zur Datenerhebung.
4 Bundesagentur für Arbeit, Streikstatistik 2023, Stand: 25.4.2024, unter „Methodische Hinweise zur Streikstatistik (Jahreszahlen)".
5 Bundesagentur für Arbeit, Streikstatistik 2023, Stand: 25.4.2024, unter „Methodische Hinweise zur Streikstatistik (Jahreszahlen)".
6 Rein politische Streiks sind zwar auch in Frankreich verboten, kommen aber dennoch in der Praxis vor. Außerdem ist die Abgrenzung zu politischen Streiks mit Bezug zu Arbeits- und Beschäftigungsbedingungen schwierig (zB Streik gegen eine Rentenreform).
7 LAG München 19.12.1979 – 9 Sa 1015/79, NJW 1980, 957; LAG Rheinland-Pfalz 5.3.1986 – 1 Ta 50/86, NZA 1986, 264; Brox/Rüthers/*Rüthers*, Arbeitskampfrecht, 2. Aufl. 1982, § 6 Rn. 112, § 8 Rn. 139; ErfK/ *Linsenmaier*, 25. Aufl. 2025, GG Art. 9 Rn. 119; zur Diskussion im Parlamentarischen Rat *Höpfner*, RdA 2020, 129 (136); a.A. *Tschenker*, Politischer Streik, 2023, S. 77 ff.

gen auf die Öffentlichkeit. Diese werden jedoch nicht erfasst und können allenfalls grob geschätzt werden. So soll etwa ein mehrtägiger Streik der GDL im Schienenverkehr Schäden von bis zu 100 Millionen Euro täglich verursachen, und zwar nicht primär bei der unmittelbar betroffenen Deutschen Bahn, sondern vor allem in der Chemie- und Stahlindustrie.[8]

Die geringe Aussagekraft der Streikausfalltage lässt sich auch an einem anderen Beispiel illustrieren: Streiken Fluglotsen im Tower eines Flughafens, genügt es, wenn eine Handvoll Arbeitnehmer die Arbeit niederlegt, um den gesamten Flugverkehr zum Erliegen zu bringen. Es bräuchte demgegenüber ein Vielfaches etwa an Reinigungskräften des Flughafens, um denselben Effekt zu erzielen. An dieser Stelle zeigt sich die besondere Kampfkraft von Gewerkschaften, in der sog. Funktionseliten zusammengeschlossen sind. Rufen diese Gewerkschaften ihre Mitglieder zum Arbeitskampf auf, können sie bei minimaler Selbstschädigung erhebliche Arbeitsausfälle verursachen. Den betroffenen Arbeitgebern, die auf die Arbeitsleistung dieser Funktionseliten angewiesen sind, gelingt es in der Regel nicht, auf dem Arbeitsmarkt kurzfristigen Ersatz für streikende Spezialisten zu erlangen.

Aussagekräftiger als die Streikausfalltage ist eine aktuelle Auswertung des Instituts der deutschen Wirtschaft, die anhand von 20 Branchen die Konfliktintensität der Tarifverhandlungen im Jahr 2023 untersucht hat.[9] Die Studie bewertet die Intensität von Tarifverhandlungen anhand von sieben Eskalationsstufen. Ausgehend vom Intensitätswert 0, der für die bloße Verhandlung steht, sind dies folgende Stufen: 1 = Streik- und Aussperrungsdrohung, 2 = Abbruch der Verhandlungen, 3 = Streikankündigung oder Streikaufruf, 4 = Warnstreik, 5 = Scheitern der Tarifverhandlungen und Schlichtung, juristische Auseinandersetzung, Mediation, 6 = Scheitern der Tarifverhandlungen und Urabstimmung oder unmittelbarer Streikaufruf, 7 = Streik und Aussperrung.[10] Die Intensität von Tarifverhandlungen wird dann sowohl durch einen statischen wie durch einen dynamischen Indikator gemessen. Der statische Indikator bezieht sich auf die maximale Eskalationsstufe, die im Laufe eines Tarifkonflikts erreicht wird. Der dynamische Indikator summiert hingegen die Punktwerte aller im Rahmen eines Tarifkonflikts auftretenden Konflikthandlungen und ermittelt hieraus die Konfliktintensität des Tarifkonflikts über den gesamten Zeitraum der Tarifrunde. Die Auswertung zeigt, dass sowohl die durchschnittliche maximal erreichte Eskalationsstufe als auch die durchschnittlichen kumulierten Konfliktpunkte pro Tarifkonflikt im Jahr 2023 jeweils den

---

8 *Puls*, IW-Nachricht vom 10.8.2021, https://www.iwkoeln.de/presse/iw-nachrichten/default-35efca de49.html (zuletzt abgerufen am 14.12.2024).
9 *Lesch/Eckle*, Konflikte ohne Partnerschaft?, IW-Report 5/2024 vom 26.1.2024.
10 *Lesch/Eckle*, Konflikte ohne Partnerschaft?, IW-Report 5/2024 vom 26.1.2024, S. 15.

höchsten Wert seit 2010, dem Beginn des Monitorings, ausmachten.[11] Übertroffen wurde damit sogar das Jahr 2015, das zuvor als das letzte „Superstreikjahr" galt, weil 2015 das Tarifeinheitsgesetz in Kraft getreten ist, das als Brandbeschleuniger gewirkt hat.[12]

Vor diesem Hintergrund stellt sich derzeit besonders drängend die Frage, ob das geltende Arbeitskampfrecht noch in der Lage ist, auf die zunehmende Eskalation von Tarifkonflikten angemessen zu reagieren, oder ob es punktueller oder gar grundlegender Reformen bedarf.

---

11 *Lesch/Eckle*, Konflikte ohne Partnerschaft?, IW-Report 5/2024 vom 26.1.2024, S. 4, 20 f.
12 So bereits vorab die zutreffende Einschätzung von *Greiner*, RdA 2015, 36 (43).

B. Die Entwicklung des Arbeitskampfrechts in Deutschland

I. Arbeitskampfrecht als Richterrecht

Die Geschichte des Arbeitskampfrechts ist eine Geschichte des Richterrechts.[13] Zwar ist das Recht zum Arbeitskampf verfassungsrechtlich durch Art. 9 Abs. 3 GG gewährleistet.[14] Zu der einfachgesetzlichen Ausgestaltung des Arbeitskampfrechts, die von den Mitgliedern des Parlamentarischen Rates als selbstverständlich vorausgesetzt wurde,[15] ist es allerdings bis heute nicht gekommen. Stattdessen hat das Bundesarbeitsgericht unter Billigung des Bundesverfassungsgerichts[16] das Arbeitskampfrecht als Ersatzgesetzgeber richterrechtlich ausgestaltet.

Diese Ausgestaltung vollzog sich jedoch keineswegs in Form einer kontinuierlichen Entwicklung, vielmehr ist die Rechtsprechung von mehreren Volten und Kehrtwenden geprägt. So ist das Arbeitskampfrecht heute ein gänzlich anderes als noch vor 50 Jahren. Wer nach der Zeitgemäßheit des heutigen Arbeitskampfrechts fragt, muss sich zwangsläufig mit diesem Wandel auseinandersetzen.

II. Die Entwicklung des Arbeitskampf-Richterrechts

1. Das Arbeitskampfrecht vor 1945

Im 19. Jahrhundert haben die Gewerkschaften gegen massive Widerstände des Staates die Koalitionsfreiheit und Tarifautonomie erkämpft. Im Jahr 1873 wurde mit dem Tarifvertrag der Buchdrucker der erste reichsweit geltende Tarifvertrag abgeschlossen. Streiks der Buchdrucker gab es schon drei Jahrzehnte zuvor, allerdings sprach man damals noch von „Repressalien".[17] Freilich dauerte es bis nach

---

13 Dazu bereits *Höpfner/Schneck*, RdA 2022, 131 (132).
14 BVerfG 26.6.1991 – 1 BvR 779/85, NZA 1991, 809 (810); zuvor bereits grundlegend *Rüthers*, Streik und Verfassung, 1960, S. 76 ff.
15 Vgl. die Diskussion im Ausschuss für Grundsatzfragen, abgedruckt bei Pikart/Werner, Der Parlamentarische Rat 1948–1949, Band 5/1, 1993, S. 695 ff., sowie im Hauptausschuss, abgedruckt bei Feldkamp, Der Parlamentarische Rat 1948–1949, Band 14/1, 2008, S. 521 ff.
16 BVerfG 26.6.1991 – 1 BvR 779/85, NZA 1991, 809 (810).
17 Vgl. dazu *Kittner*, Arbeitskampf – Geschichte, Recht, Gegenwart, 2005, S. 200. Der Begriff „Streik" hat sich erst ab 1865 etabliert, und zwar im Zuge des Leipziger „Dreigroschenstreiks", vgl. dazu *Kittner*, Arbeitskampf – Geschichte, Recht, Gegenwart, 2005, S. 206 ff.

Kriegsende, als am 23.12.1918 mit der Tarifvertragsverordnung (TVVO) eine erste gesetzliche Regelung des Tarifvertrags in Kraft trat und acht Monate später durch Art. 159 der Weimarer Verfassung erstmals die positive Koalitionsfreiheit gewährleistet wurde.[18] Auch in der Weimarer Republik blieb der Arbeitskampf allerdings gesetzlich ungeregelt.

Die damalige Rechtsprechung behandelte den Arbeitskampf im Kern individualrechtlich. Die Teilnahme an einem Streik wurde als Verletzung arbeitsvertraglicher Pflichten angesehen.[19] Gleiches galt spiegelbildlich für die Aussperrung durch den Arbeitgeber.[20] Dementsprechend waren Streik und Aussperrung nur dann zulässig, wenn zuvor das Arbeitsverhältnis wirksam, d.h. insbesondere unter Einhaltung der Kündigungsfrist, gekündigt worden war.[21] Nahm der Arbeitnehmer an einem Streik teil, ohne das Arbeitsverhältnis fristgerecht gekündigt zu haben, konnte der Arbeitgeber das Arbeitsverhältnis seinerseits fristlos kündigen.[22]

Daneben konnte der Streikaufruf der Gewerkschaft unter bestimmten Voraussetzungen nach § 823 BGB und vor allem als sittenwidrige Schädigung nach § 826 BGB zum Schadensersatz verpflichten.[23] Das Reichsarbeitsgericht entwickelte Ende der 1920er-Jahre hierfür Kriterien, die bis heute das Arbeitskampfrecht prägen, namentlich das Vernichtungsverbot,[24] das Ultima-ratio-Prinzip[25] und die Interessenabwägung als Vorläufer der späteren Verhältnismäßigkeitsprüfung.[26]

2. Die Rechtsprechung des Großen Senats des Bundesarbeitsgerichts

In der Bundesrepublik wurde das Arbeitskampfrecht durch den Großen Senat des Bundesarbeitsgerichts in zwei Grundsatzentscheidungen in den Jahren 1955[27] und 1971[28] neu ausgerichtet. Die wichtigste Weichenstellung in der Entscheidung des Großen Senats vom 28.1.1955 war die Abkehr vom individualrechtlichen Ver-

---

18 In Art. 9 Abs. 3 GG setzt sich diese Garantie fort, s. BVerfG 1.3.1979 – 1 BvR 532, 533/77, 419/78, 1 BvL 21/78, NJW 1979, 699 (708 ff.).
19 Vgl. *Giesen*, Streikrecht, 2022, § 2 Rn. 3.
20 Vgl. *Giesen*, Streikrecht, 2022, § 2 Rn. 4.
21 Vgl. dazu *Giesen*, Streikrecht, 2022, § 2 Rn. 2 ff. mwN.
22 Vgl. RG 20.12.1927 – III 104/27, RGZ 119, 291 (293).
23 Vgl. dazu *Giesen*, Streikrecht, 2022, § 2 Rn. 8 f.; exemplarisch RAG 21.5.1928 – RAG 98/27, RAGE 1, 273 (277 ff.) = ARS 2, 217 (221 ff.).
24 RAG 5.2.1930 – RAG 335/29, ARS 8, 266 (269).
25 RAG 27.11.1928 – RAG 296/1928, ARS 4, 217 (221).
26 RAG 21.5.1928 – RAG 98/27, RAGE 1, 273 (278 f.) = ARS 2, 217 (222).
27 BAG 28.1.1955 – GS 1/54, BAGE 1, 291 = NJW 1955, 882.
28 BAG 21.4.1971 – GS 1/68, BAGE 23, 292 = NJW 1971, 1668.

ständnis des Arbeitskampfes. Die Neuausrichtung des Arbeitskampfrechts lässt sich in einem Satz auf den Punkt bringen: Was kollektivrechtlich erlaubt ist, kann individualrechtlich nicht verboten sein. Der Beschluss vom 28.1.1955 unter Vorsitz des ersten Präsidenten des Bundesarbeitsgerichts *Hans Carl Nipperdey* befreite den Arbeitskampf erstmals vom Makel der individualrechtlichen Illegalität.[29] Es ist daher unzutreffend, wenn in einem im Deutschlandfunk ausgestrahlten Beitrag des Journalisten *Peter Kessen* aus dem Jahr 2021 mit dem Titel *„Den Unternehmern treu ergeben – Das paternalistische Arbeitsrecht des Hans Carl Nipperdey"*[30] der Eindruck erweckt wird, der Große Senat des Bundesarbeitsgerichts habe 1955 das Streikrecht eingeengt. Gänzlich fernliegend ist es, wenn dort suggeriert wird, dass dieser Beschluss nationalsozialistisches Gedankengut in sich trage.

Der Beschluss vom 28.1.1955 war noch vom Grundsatz der Sozialadäquanz geprägt, den *Nipperdey* von *Hans Welzel*[31] aus dem Strafrecht übernahm[32] – und zwar mitsamt seiner vielfach und zu Recht kritisierten Unbestimmtheit, die zwar in der Tat ein Einfallstor für die nationalsozialistische (Rassen-)Ideologie gewesen war,[33] selbst jedoch gerade aufgrund dieser Inhaltsleere keine ideologische Prägung hatte. Unter Vorsitz von *Gerhard Müller*, dem zweiten Präsidenten des Bundesarbeitsgerichts, richtete der Große Senat in einem zweiten grundlegenden Beschluss vom 21.4.1971 das Arbeitskampfrecht dann am Grundsatz der Verhältnismäßigkeit aus, der gerade erst seinen polizeirechtlichen Kinderschuhen entwachsen und unter der Herrschaft des Bundesverfassungsgerichts auf dem Weg zu einem universalen Verfassungsprinzip war.[34]

Fasst man die Rechtsprechung des Großen Senats des Bundesarbeitsgerichts in beiden Beschlüssen zusammen, lassen sich fünf zentrale Aussagen festhalten:

1. Das verfolgte Kampfziel muss mit der gegnerischen Kampfpartei tariflich regelbar sein (1971).
2. Es gilt der Grundsatz der Kampfparität: Dabei darf jede Gruppe in den Grenzen des legitimen Kampfes das ihr gemäße, historisch überkommene Kampfmittel wählen (1955).

---

29 Vgl. *Nipperdey*, Radiointerview, 1958, abgedruckt unter https://assets.deutschlandfunk.de/7d081879-aef4-4c05-a8c8-9d27a7376f2b/original.txt (zuletzt abgerufen am 14.12.2024).

30 Das dem Radiobeitrag zugrunde liegende Manuskript ist abrufbar unter https://bilder.deutschlandfunk.de/09/c6/76/1f/09c6761f-c266-4f36-9370-3a20155c84b1/manuskript-den-unternehmern-treu-ergeben-100.pdf (zuletzt abgerufen am 14.12.2024).

31 *Welzel*, ZStrW 58 (1939), 491 (516 f., 557 ff.).

32 Vgl. dazu *Seiter*, Streikrecht und Aussperrungsrecht, 1975, S. 448 ff.

33 Vgl. dazu *Stopp*, Hans Welzel und der Nationalsozialismus, 2018, S. 55 ff.

34 Vgl. *Lepsius*, in: Jestaedt/Lepsius, Verhältnismäßigkeit – zur Tragfähigkeit eines verfassungsrechtlichen Schlüsselkonzepts, 2015, S. 1 (2).

3. Arbeitskämpfe stehen unter dem obersten Gebot der Verhältnismäßigkeit. Sie müssen zur Erreichung rechtmäßiger Ziele geeignet und sachlich erforderlich sein. Auch die Mittel des Arbeitskampfes dürfen nicht über das erforderliche Maß hinausgehen. Das Gemeinwohl darf nicht offensichtlich verletzt werden (1971).

4. Arbeitskämpfe dürfen nur *ultima ratio* sein. Deshalb ist auch ein Schlichtungsverfahren erforderlich (1955 und 1971).

5. Wer sich zum Arbeitskampf entschließt, muss auch das Kampfrisiko tragen. Der Arbeitgeber trägt das Risiko des Produktionsausfalls, die Arbeitnehmer tragen das Risiko des Lohnausfalls (1955 und 1971).

3. Die Rechtsprechung des Ersten Senats des Bundesarbeitsgerichts seit 1971

Heute ist das Arbeitskampfrecht des Ersten Senats des Bundesarbeitsgerichts ein völlig anderes als vor 50 Jahren. Obwohl die Beschlüsse des Großen Senats verfahrensrechtlich bindend sind, ist zunächst durch die Warnstreikrechtsprechung in den 1980er-Jahren[35] und dann noch offenkundiger seit 2003[36] eine klare Tendenz zur Deregulierung – oder vielleicht noch deutlicher: zur Entgrenzung[37] – des Arbeitskampfes durch den Ersten Senat des Bundesarbeitsgerichts zu verzeichnen. In der Folge findet eine inhaltliche Rechtmäßigkeitskontrolle von Arbeitskämpfen vor Gericht faktisch nicht mehr statt. Diese Entwicklung trifft auf ein wirtschaftliches Umfeld, in dem anders als noch vor 50 Jahren eine selbstregulierende Tendenz weitgehend fehlt.[38] Das lässt sich anhand von zwei zentralen Punkten darstellen: dem Ultima-ratio-Prinzip und dem Grundsatz der Verhältnismäßigkeit.

a) Ultima-ratio-Prinzip

Die primäre Funktion des Ultima-ratio-Prinzips besteht darin, eine Phase der freien Verhandlung zu gewährleisten, um den Parteien als kollektiven Akteuren auf dem Arbeitsmarkt die Möglichkeit einer selbstbestimmten Regelung der Bedingungen für den Austausch von Arbeit und Lohn einzuräumen.[39] Zugleich sollen die durch

---

35 BAG 17.12.1976 – 1 AZR 605/75, AP GG Art. 9 Arbeitskampf Nr. 5; BAG 12.9.1984 – 1 AZR 342/83, NZA 1984, 393; BAG 29.1.1985 – 1 AZR 179/84, NZA 1985, 508; BAG 21.6.1988 – 1 AZR 651/86, NZA 1988, 846.
36 BAG 18.2.2003 – 1 AZR 142/02, AP GG Art. 9 Arbeitskampf Nr. AP GG Art. 9 Nr. 163.
37 Ebenso *Giesen*, Streikrecht, 2022, § 3 Rn. 28.
38 Dazu näher unter B. III.
39 Vgl. dazu *Picker*, ZFA 2011, 557 (604) sowie *Höpfner/Schneck*, RdA 2022, 131 (139 ff.).

Arbeitskämpfe entstehenden volkswirtschaftlichen Schäden dadurch auf das notwendige Maß minimiert werden.[40]

Seine Grundlage findet das Ultima-ratio-Prinzip in der Verfassung. Auch wenn es in Art. 9 Abs. 3 GG nicht ausdrücklich genannt ist, folgt es zwingend aus der Funktion des Arbeitskampfes. Im Unterschied zu den klassischen Freiheitsrechten ist das Recht zum Arbeitskampf als funktional gebundenes Grundrecht nicht um seiner selbst willen, sondern lediglich als Hilfsmittel der Tarifautonomie gewährleistet.[41] Zutreffend konstatiert das Bundesarbeitsgericht:

> *Ein Grundrecht auf Streik, losgelöst von seiner funktionalen Bezugnahme auf die Tarifautonomie, gewährleistet Art. 9 Abs. 3 GG nicht.*[42]

Dem schließt sich das Bundesverfassungsgericht an, wenngleich mit einer terminologischen Abschwächung („jedenfalls"), die sachlich nicht gerechtfertigt ist und im konkreten Fall auch nicht streitentscheidend war:

> *Vom Schutz des Art. 9 Abs. 3 GG erfasst sind Arbeitskampfmaßnahmen, die auf den Abschluss von Tarifverträgen gerichtet sind, jedenfalls soweit sie erforderlich sind, um eine funktionierende Tarifautonomie sicherzustellen.*[43]

Voraussetzung für eine funktionierende Tarifautonomie ist nach dem Gegenmachtprinzip ein Verhandlungsgleichgewicht zwischen den Koalitionen.[44] Dieses Gleichgewicht kann im Regelfall nicht durch die bloße Kollektivierung der Verhandlungsposition der Arbeitnehmer hergestellt werden. Gewerkschaften ziehen ihre Verhandlungsstärke vielmehr aus der latenten Drohung mit dem Arbeitskampf. Ohne Streikrecht würde selbst in Branchen mit starken Gewerkschaften das Verhandlungsgleichgewicht sofort in sich zusammenfallen. Umgekehrt gilt aber auch: Der Idealzustand besteht darin, dass die latente Drohkulisse genügt und gerade nicht gekämpft werden muss, um die Tarifvertragsparteien zu einer Einigung zu bewegen.[45] Der Arbeitskampf ist zwar *unverzichtbares* letztes Mittel, aber eben

---

40 Ausdrücklich die Entscheidungen des Großen Senats des Bundesarbeitsgerichts, s. BAG 28.1.1955 – GS 1/54, BAGE 1, 291 = NJW 1955, 882 (883); BAG 21.4.1971 – GS 1/68, BAGE 23, 292 = NJW 1971, 1668.
41 Exemplarisch aus dem Schrifttum ErfK/*Linsenmaier*, 25. Aufl. 2025, GG Art. 9 Rn. 69; BeckOK ArbR/*Waas*, 73. Ed. 1.9.2024, GG Art. 9 Rn. 21.
42 BAG 20.11.2012 – 1 AZR 611/11, NZA 2013, 437 Rn. 49 (Zweiter Weg).
43 BVerfG 12.6.2018 – 2 BvR 1738/12, NJW 2018, 2695 Rn. 116, 140; BVerfG 11.7.2017 – 1 BvR 1571/15, NZA 2017, 915 Rn. 131; siehe auch bereits BVerfG 26.6.1991 – 1 BvR 779/85, NZA 1991, 809 (Grenzen der Aussperrung).
44 Vgl. BVerfG 19.6.2020 – 1 BvR 842/17, NZA 2020, 1186 Rn. 32.
45 Dazu bereits *Höpfner/Schneck*, RdA 2022, 131 (137).

auch nur *letztes* Mittel, ein von der Rechtsordnung trotz der damit verbundenen volkswirtschaftlichen Schäden hingenommenes, notwendiges Übel, um eine autonome Vereinbarung der Lohn- und Arbeitsbedingungen als Alternative zu deren staatlicher Festsetzung zu ermöglichen.

Dessen ungeachtet hat der Erste Senat des Bundesarbeitsgerichts das Ultima-ratio-Prinzip bereits in den 1980er-Jahren durch seine Warnstreik-Rechtsprechung bis zur völligen Bedeutungslosigkeit entkernt.[46] Nachdem er zunächst kurzzeitige Warnstreiks vom Ultima-ratio-Prinzip ausgenommen hatte,[47] gab er 1988 die Unterscheidung zwischen Warn- und Erzwingungsstreik zwar wieder auf und bejahte formal die Geltung des Ultima-ratio-Prinzips für sämtliche Streikmaßnahmen.[48] Faktisch hat er dieses Prinzip jedoch vollständig entwertet, indem er die Ergreifung einer Arbeitskampfmaßnahme als eine konkludente Erklärung des Scheiterns der Verhandlungen interpretierte.[49] In der Praxis können Gewerkschaften seitdem völlig frei entscheiden, ob und wann sie streiken wollen. Nicht einmal ein bereits vereinbarter Verhandlungstermin soll dem Arbeitskampf entgegenstehen.[50]

Auch die Schlichtung von Tarifkonflikten, für die es heute in den meisten westlichen Bundesländern mit dem Kontrollratsgesetz Nr. 35[51] sogar noch eine gesetzliche Grundlage gibt, hat der Erste Senat komplett vom Arbeitskampf entkoppelt. Beim Großen Senat des Bundesarbeitsgerichts hieß es in der Entscheidung vom 21.4.1971 noch:

> *Jede Arbeitskampfmaßnahme – sei es Streik, sei es Aussperrung – darf ferner nur nach Ausschöpfung aller Verständigungsmöglichkeiten ergriffen werden; der Arbeitskampf muß also das letzte mögliche Mittel (ultima ratio) sein. Deshalb ist auch ein Schlichtungsverfahren erforderlich.[52]*

Der Erste Senat des Bundesarbeitsgerichts hat diese Aussage zunächst auf „zeitlich längerfristige oder unbegrenzte Kampfmaßnahmen" beschränkt[53] und schließlich

---

46 Vgl. dazu krit. *Rüthers*, DB 1990, 113; *ders.*, in: FAZ v. 13.11.2014, S. 8: „endgültige Liquidation des ‚Ultima Ratio'-Prinzips"; *Hohenstatt/Schaude*, DB 1989, 1566 (1569).

47 BAG 17.12.1976 – 1 AZR 605/75, AP GG Art. 9 Arbeitskampf Nr. 5; BAG 12.9.1984 – 1 AZR 342/83, NZA 1984, 393 (397); BAG 29.1.1985 – 1 AZR 179/84, AP GG Art. 9 Arbeitskampf Nr. 83.

48 BAG 21.6.1988 – 1 AZR 651/86, AP GG Art. 9 Arbeitskampf Nr. 108 (Warnstreik IV) unter A. I. 2.

49 BAG 21.6.1988 – 1 AZR 651/86, AP GG Art. 9 Arbeitskampf Nr. 108 (Warnstreik IV) unter A. I. 3. c).

50 BAG 21.6.1988 – 1 AZR 651/86, AP GG Art. 9 Arbeitskampf Nr. 108 (Warnstreik IV) unter A. I. 5. c).

51 Kontrollratsgesetz (KRG) Nr. 35 vom 20.8.1946 betreffend Ausgleichs- und Schiedsverfahren in Arbeitsstreitigkeiten, ABl. KR 1946, 174.

52 BAG 21.4.1971 – GS 1/68, BAGE 23, 292 = NJW 1971, 1668.

53 BAG 17.12.1976 – 1 AZR 605/75, AP GG Art. 9 Arbeitskampf Nr. 5.

als bloßes *obiter dictum* abqualifiziert.[54] In neueren Entscheidungen wird das Ultima-ratio-Prinzip überhaupt nicht mehr angeführt.

Die Folge dieser Rechtsprechung ist die allgemeine Zulassung verhandlungsbegleitender Streiks. Diese sind in vielen Branchen inzwischen der Regelfall. In einigen Branchen, etwa in der Papier- und Chemieindustrie, gibt es seit Jahrzehnten überhaupt keine Erzwingungsstreiks mehr, sondern ausschließlich verhandlungsbegleitende Arbeitskämpfe. Der Streik wird so von der *ultima ratio* zur *prima ratio*.

Mit Blick auf den klassischen Warnstreik, der auf eine Dauer von zwei bis drei Stunden beschränkt ist,[55] mag man darüber diskutieren, ob es nicht sinnvoll ist, den Gewerkschaften ein Ventil an die Hand zu geben, mit dem sie zu einem frühen Zeitpunkt im Tarifkonflikt etwas Druck aus dem Kessel entweichen lassen können. Die Antworten darauf werden wohl branchenspezifisch ausfallen. Problematisch ist die Zulassung des verhandlungsbegleitenden Streiks aber jedenfalls dann, wenn zugleich dessen zeitliche Dimensionen immer weiter ausgeweitet werden. Zuletzt hat etwa die IG Metall im großen Tarifkonflikt um die Arbeitszeit 2018 mit verhandlungsbegleitenden Tagesstreiks zum Ende der Tarifrunde, als die Parteien dem Vernehmen nach über alle wesentlichen Fragen bereits Einigkeit erzielt hatten, in nur drei Tagen Schäden von geschätzt 800 bis 900 Mio. Euro verursacht. Die Tagesstreiks, an denen fast 500.000 Arbeitnehmer beteiligt waren, verursachten doppelt so viele Ausfallstunden wie alle zuvor im Tarifkonflikt erfolgten Streiks zusammen.

An dieser Stelle zeigt sich zugleich ein weiteres Problem: Wir erleben seit einigen Jahren einen schleichenden Funktionswandel des Arbeitskampfes. Streiks dienen nicht mehr allein der Durchsetzung von Tarifforderungen. Vielmehr haben die Gewerkschaften aus den USA das Prinzip des „Organisierens am Konflikt"[56] übernommen und setzen Arbeitskämpfe gezielt zur Mitgliedergewinnung ein.[57] Bei den erwähnten Tagesstreiks in der Metall- und Elektroindustrie in der Tarifrunde 2018 hat sich das deutlich niedergeschlagen. Das deutsche Arbeitskampfrecht bietet bislang keine zufriedenstellende Lösung für den Umgang mit derartigen verbandspolitischen Zielen.[58]

---

54 BAG 12.9.1984–1 AZR 342/83, BAG 12.9.1984–1 AZR 342/83, NZA 1984, 393.

55 Vgl. BAG 17.12.1976–1 AZR 605/75, AP GG Art. 9 Arbeitskampf Nr. 5; BAG 12.9.1984–1 AZR 342/83, BAG 12.9.1984–1 AZR 342/83, NZA 1984, 393 (400).

56 Vgl. dazu die Beiträge in Kocsis/Sterkel/Wiedemuth (Hrsg.), Organisieren am Konflikt, 2013; ferner *Dörre/Goes/Schmalz/Thiel*, Streikrepublik Deutschland?, 2016, S. 254.

57 Dazu näher *Höpfner/Schneck*, RdA 2022, 131 (135 f.); *Stoffels*, ZFA 2022, 201 (228 f.).

58 Vgl. aber den Vorschlag von *Höpfner/Schneck*, RdA 2022, 131 (133 ff.).

b) Verhältnismäßigkeitsgrundsatz

Der zweite große Eckpfeiler in der Rechtsprechung des Großen Senats des Bundesarbeitsgerichts ist der Grundsatz der Verhältnismäßigkeit. Arbeitskampfmaßnahmen müssen ein legitimes Ziel verfolgen und zur Erreichung dieses Ziels geeignet, erforderlich und angemessen sein. Die Rechtsprechung überträgt den öffentlich-rechtlichen Verhältnismäßigkeitsgrundsatz unverändert in das Arbeitskampfrecht.[59] Der Erste Senat des Bundesarbeitsgerichts ist in diesem Punkt auch nicht vom Großen Senat abgerückt, sondern hat im Gegenteil mehrfach erklärt, dass er im Grundsatz der Verhältnismäßigkeit den „zentralen Prüfungsmaßstab für die Rechtmäßigkeit von Arbeitskämpfen" sieht.[60]

Auf den ersten Blick klingt das vielversprechend, denn es scheint, dass hierdurch flexible und angemessene Ergebnisse unter Beachtung der widerstreitenden Interessen nicht nur der Beteiligten, sondern auch der vom Arbeitskampf Drittbetroffenen im konkreten Einzelfall ermöglicht werden. Eine nähere Betrachtung gelangt jedoch zu einem ernüchternden Befund. In der Praxis der arbeitsgerichtlichen Rechtsprechung findet eine ernstzunehmende Verhältnismäßigkeitsprüfung von Arbeitskämpfen mit offenem Ergebnis schlicht nicht statt. Dass der Verhältnismäßigkeitsgrundsatz im Arbeitskampfrecht zudem dysfunktional ist,[61] belegt ein näherer Blick auf seine Voraussetzungen. Die Prüfung des Verhältnismäßigkeitsgrundsatzes erfolgt typischerweise in einem Vierschritt: Zunächst wird gefragt, ob die Maßnahme ein legitimes Ziel verfolgt. Sofern dies der Fall ist, ist zu untersuchen, ob die Maßnahme zur Erreichung dieses Ziels geeignet, erforderlich und angemessen (= verhältnismäßig im engeren Sinne) ist.

(1) Beim Prüfungspunkt der Verfolgung eines *legitimen Ziels* zeigt sich die öffentlich-rechtliche Herkunft des Verhältnismäßigkeitsgrundsatzes besonders deutlich: Staatliche Eingriffe in Grundrechtspositionen können ganz unterschiedlichen legitimen Zielen dienen. Dieser erste Schritt erfüllt die Funktion, den Bezugspunkt für die anschließende Prüfung der Geeignetheit, Erforderlichkeit und

59 Für seine Anwendung im Wege der Analogie *Bieder*, Das ungeschriebene Verhältnismäßigkeitsprinzip als Schranke privater Rechtsausübung, 2007, S. 165 ff.
60 So BAG 19.6.2007–1 AZR 396/06, AP GG Art. 9 Arbeitskampf Nr. 173 Rn. 17, 22 (Unterstützungsstreik); BAG 22.9.2009–1 AZR 972/08, AP GG Art. 9 Arbeitskampf Nr. 174 Rn. 37 (Flashmob); die „Orientierung" an diesem Grundsatz billigend BVerfG 26.3.2014–1 BvR 3185/09, NZA 2014, 493 Rn. 25.
61 Ablehnend zur Anwendung des Grundsatzes im Arbeitskampfrecht *Höpfner/Schneck*, RdA 2022, 206 (207 ff.); *Däubler*, JuS 1972, 642 ff.; *Säcker*, GewMH 1972, 287 (296 ff.); *Joachim*, AuR 1973, 290 ff.; krit. auch *Reuß*, AuR 1971, 357; *Richardi*, RdA 1971, 336; *Rüthers/Höpfner*, JZ 2010, 262; *Vielmeier*, Tarifzensur, 2013, S. 179; *Stoffels*, ZFA 2022, 201 (216); krit. zur Entwicklung, aber für die Beibehaltung des Grundsatzes *C. Schubert*, in: FS Schmidt (2021), S. 559 (560 f.).

Angemessenheit festzulegen.[62] Im Arbeitskampfrecht entfällt diese Funktion vollständig, da der Bezugspunkt stets derselbe ist. Legitimes Ziel eines Arbeitskampfes ist die Durchsetzung tariflich regelbarer Forderungen. Die Integration dieses Prüfungspunktes in eine Verhältnismäßigkeitsprüfung bietet keinen Mehrwert und ist verzichtbar.[63]

(2) Nach der Rechtsprechung des Bundesarbeitsgerichts ist eine Arbeitskampfmaßnahme geeignet, wenn durch ihren Einsatz die Durchsetzung des Kampfziels gefördert werden kann.[64] Dabei gewährt das Gericht der kampfführenden Partei eine Einschätzungsprärogative.[65] Hierdurch verliert die Prüfung der Geeignetheit endgültig ihre justiziablen Konturen. Grundsätzlich ist jede Arbeitskampfmaßnahme geeignet, durch Ausübung von Druck der Durchsetzung tariflich regelbarer Forderungen zu dienen. Selbst wenn das ausnahmsweise einmal nicht der Fall wäre, würde das Kriterium der Geeignetheit keinem erkennbaren Zweck dienen. In einem solchen Fall wäre die Gegenseite mangels Ausübung von Druck schon nicht schutzbedürftig. Vielmehr gilt umgekehrt: Je härter der Arbeitskampf ist und je größer die damit einhergehenden Schäden sind, desto geeigneter ist er, den Widerstand des Kampfgegners zu brechen und die eigenen Tarifforderungen durchzusetzen. Es ist daher nicht erkennbar, weshalb die Geeignetheit Rechtmäßigkeitsvoraussetzung einer Arbeitskampfmaßnahme sein soll. Auf ihre Prüfung kann verzichtet werden.[66]

(3) Mit dem Prüfungspunkt der Erforderlichkeit wurde das Ultima-ratio-Prinzip in den Verhältnismäßigkeitsgrundsatz integriert.[67] Auch dieser Prüfungsschritt läuft nach der derzeitigen Rechtsprechung komplett leer, was anhand der Warnstreik-Rechtsprechung bereits dargelegt wurde. Hinzu kommt, dass das Bundesarbeitsgericht der kampfführenden Partei auch für die Erforderlichkeit der

---

62 Der Verhältnismäßigkeitsgrundsatz ist damit auf hoheitliche Grundrechtseingriffe zugeschnitten, vgl. BVerfG 15.12.1965 – 1 BvR 513/65, BVerfGE 19, 342 (348 f.).
63 Vgl. bereits *Höpfner/Schneck*, RdA 2022, 206 (207).
64 BAG 19.6.2007 – 1 AZR 396/06, AP GG Art. 9 Arbeitskampf Nr. 173 Rn. 26 (Unterstützungsstreik).
65 Krit. zur Einschätzungsprärogative *Nonnenmühlen*, Atypische Arbeitskampfmittel der Arbeitgeberseite, 2017, S. 160 ff.; MHdB ArbR/*Ricken*, 5. Aufl. 2022, § 272 Rn. 68, 80; *Hohenstatt/Schramm*, NZA 2007, 1034 (1035); *Rieble*, BB 2008, 1506 (1510); *Konzen*, SAE 2008, 1 (7); *Otto*, RdA 2010, 135 (136, 140); *Franzen*, JArbR 47 (2010), 119, 129 f.; *Rüthers/Höpfner*, JZ 2010, 261 (262 f.); *Jacobs*, ZFA 2011, 71 (90); *Kersten*, in: Waldhoff/Thüsing (Hrsg.), Verfassungsfragen des Arbeitskampfes, 2014, S. 15, 26; *Giesen*, RdA 2022, 58.
66 So schon *Höpfner/Schneck*, RdA 2022, 206 (207 f.).
67 Vgl. *Kissel*, Arbeitskampfrecht, 2002, § 30 Rn. 3: „Kernstück des Verhältnismäßigkeitsprinzips"; Löwisch/*Löwisch/Rieble*, Arbeitskampf- und Schlichtungsrecht, 1997, 170.1 Rn. 74; *Greiner*, Das arbeitskampfrechtliche Verhältnismäßigkeitsprinzip, 2018, S. 37; Frieling/Jacobs/Krois/*Krois*, Arbeitskampfrecht, 2021, § 2 Rn. 214.

Kampfmaßnahme eine Einschätzungsprärogative zugesteht.[68] Damit gilt: Der Arbeitskampf ist erforderlich, wenn die Gewerkschaft ihn für erforderlich hält.[69] Auf eine gerichtliche Kontrolle wird faktisch verzichtet. In der arbeitsgerichtlichen Praxis wird weder geprüft, ob die Arbeitskampfmaßnahme die *ultima ratio* ist, noch spielt auf eine sonstige Weise die Erforderlichkeit der Kampfmaßnahme eine Rolle.

(4) Damit verbleibt als letzter Schritt die Angemessenheitsprüfung. Hier müsste eine umfassende Interessenabwägung im Einzelfall erfolgen. Die Notwendigkeit einer solchen Interessenabwägung ist nicht nur dem Arbeitskampfrecht, sondern dem Zivilrecht insgesamt immanent[70] und nicht in Abrede zu stellen. Allerdings bedarf es zur Durchführung einer solchen Abwägung wiederum keiner Eingliederung in die Verhältnismäßigkeitsprüfung.[71] Diese erweist sich im Gegenteil sogar als schädlich, weil sie die Maßstäbe und Bezugspunkte für die Abwägung verschleiert.[72] So kommt es von vornherein nicht in Betracht, die Dauer und Intensität einer Kampfmaßnahme ins Verhältnis zu den unmittelbaren Kampfzielen zu setzen. Dann könnten die Gewerkschaften härtere Arbeitskämpfe schlicht damit legitimieren, dass sie ihre Forderungen hochschrauben. Eine Kontrolle von Tarifforderungen wäre aber unzulässige Tarifzensur.

Im Schrifttum wird daher als Alternative die Herstellung von Verhandlungsparität als Bezugspunkt der Verhältnismäßigkeitsprüfung vorgeschlagen.[73] Der Erste Senat des Bundesarbeitsgerichts hat dem jedoch eine klare Absage erteilt. So heißt es in den Entscheidungen vom 19.6.2007 zum „Unterstützungsstreik" und vom 22.9.2009 zum „Flashmob":

> *Die Vorgabe, möglichst für Parität zwischen den Tarifvertragsparteien zu sorgen, genügt daher als Handlungsanweisung für die konkrete gerichtliche Ausgestaltung des Arbeitskampfrechts allein in der Regel nicht. Das Paritätsprinzip ist wegen seiner Abstraktionshöhe als Maßstab zur Bewertung einzelner Kampfsituationen regelmäßig nicht ausreichend.*[74]

---

68 Vgl. BAG 19.6.2007–1 AZR 396/06, AP GG Art. 9 Arbeitskampf Nr. 173 Rn. 27 (Unterstützungsstreik).

69 *Höpfner/Schneck*, RdA 2022, 206 (208).

70 *Bieder*, Das ungeschriebene Verhältnismäßigkeitsprinzip als Schranke privater Rechtsausübung, 2007, S. 189; vgl. ferner ausführlich *Picker*, ZFA 2011, 443, 456 ff.; siehe zudem schon *Seiter*, Streikrecht und Aussperrungsrecht, 1975, S. 154 f.

71 Vgl. bereits *Höpfner/Schneck*, RdA 2022, 206 (208 f.).

72 Vgl. zu möglichen Bezugspunkten der Verhältnismäßigkeitsprüfung *Löwisch*, ZFA 1971, 319, 326 ff.

73 *Richardi*, ZFA 1985, 101 (113); einbetten lässt sich die Prüfung in § 241 Abs. 2 BGB, dazu *Höpfner/Schneck*, RdA 2022, 131 (139) sowie *dies.*, RdA 2022, 206 (209 ff.).

74 BAG 22.9.2009–1 AZR 972/08, AP GG Art. 9 Arbeitskampf Nr. 174 Rn. 40 (Flashmob); BAG 19.6.2007–1 AZR 396/06, AP GG Art. 9 Arbeitskampf Nr. 173 Rn. 21 (Unterstützungsstreik). Es folgt noch der – im Ergebnis bedeutungslose – Zusatz: „Es bezeichnet aber zumindest eine Grenze, die bei der gerichtlichen Ausgestaltung nicht überschritten werden darf."

In jüngeren Entscheidungen wird das Paritätsprinzip vom Ersten Senat überhaupt nicht mehr herangezogen.

Im Ergebnis läuft die Verhältnismäßigkeitsprüfung in der Praxis somit vollkommen leer. Bislang ist keine einzige arbeitsgerichtliche Entscheidung bekannt, in der eine Arbeitskampfmaßnahme als unverhältnismäßig qualifiziert worden ist. Die arbeitsgerichtliche Kontrolle beschränkt sich letztlich auf rein formale Anforderungen. So werden gewerkschaftliche Arbeitskämpfe nur dann für unzulässig erklärt, wenn die Gewerkschaft entweder die Friedenspflicht aus einem laufenden Tarifvertrag missachtet oder für eine tariflich nicht regelbare Forderung kämpft oder wenn Notdienstarbeiten während des Arbeitskampfes nicht gewährleistet sind, zuletzt etwa beim großen Verkehrsstreik mit der Öffnung des Hamburger Elbtunnels[75] oder beim Streik der Flughafenfeuerwehr in Köln/Bonn.[76]

Hinzu kommt schließlich, dass der Erste Senat des Bundesarbeitsgerichts den Gewerkschaften über den konturenlosen Verhältnismäßigkeitsgrundsatz inzwischen eine „Arbeitskampfmittelerfindungsfreiheit"[77] zugesteht, die neuartige Kampfformen wie etwa den „Flashmob" ermöglicht. Im konkreten Fall[78] ging es um die Blockade eines Berliner Supermarkts in Form eines „Stellvertreterarbeitskampfes" durch beliebige Dritte, und das auch noch gegen den Willen der arbeitenden Belegschaft. Weder die fehlende Erkennbarkeit der Arbeitskampfmaßnahme für den Arbeitgeber (relevant im Hinblick auf das arbeitskampfrechtliche Fairnessgebot) noch dessen fehlende Reaktionsmöglichkeiten (relevant im Hinblick auf das Paritätsprinzip) und nicht einmal der Verzicht auf das mit Streiks verbundene, disziplinierende Selbstschädigungsmoment, das der Große Senat des Bundesarbeitsgerichts noch besonders betont hat, haben den Ersten Senat daran gehindert, den „Flashmob" als grundsätzlich zulässiges Kampfmittel anzuerkennen.[79] Tatsächlich ist es allein dem Verantwortungsbewusstsein der Gewerkschaften geschuldet, dass sie in der Folge auf den Einsatz eskalationsbereiter Dritter verzichtet haben, der zu kaum kontrollierbaren Situationen führen kann.[80]

Wenn es nach alldem noch einer Bestätigung bedarf, dass der Verhältnismäßigkeitsgrundsatz nicht in der Lage ist, eine Rechtmäßigkeitskontrolle von Arbeitskämpfen zu gewährleisten, sei auf die jüngste Entscheidung des Landesar-

---

75 LAG Hamburg 26.03.2023 – 1 Ta 1/23, BeckRS 2023, 8569.

76 Das Verfahren vor dem LAG Köln wurde durch Vergleich beendet; vgl. dazu *Bayreuther*, NZA 2023, 411 (413).

77 Vgl. *Hoffmann*, NZA 2014, 1252 (1254); *Giesen*, Streikrecht, 2022, § 3 Rn. 5, 28; *ders.*, in: Rieble/Junker/Giesen, Neues Arbeitskampfrecht?, 2010, S. 95 (105, 115).

78 BAG 22.9.2009 – 1 AZR 972/08, AP GG Art. 9 Arbeitskampf Nr. 174 (Flashmob).

79 BAG 22.9.2009 – 1 AZR 972/08, AP GG Art. 9 Arbeitskampf Nr. 174 Rn. 32 ff. (Flashmob).

80 Zutreffend *Giesen*, Streikrecht, § 3 Rn. 11.

beitsgerichts Hessen vom 12.3.2024 zum sog. Wellenstreik der GDL bei der Deutschen Bahn verwiesen. Eine solche Vorgehensweise sei nicht deswegen unverhältnismäßig, weil sie dazu geeignet sei, großen Schaden auch in Bezug auf die Bahnreisenden und drittbetroffenen Unternehmen hervorzurufen.[81] Die Kapitulation erfolgt im Folgesatz:

> *Es kann einer Gewerkschaft von Seiten der Gerichte im Grundsatz nicht vorgeschrieben werden, in welcher Art und Weise sie ihren Arbeitskampf führen soll.*[82]

4. Verfahrensrechtliche Flankierung: Anforderungen an Unterlassungsverfügungen

Die soeben dargestellten materiell-rechtlichen Deregulierungen des Arbeitskampfrechts werden durch verfahrensrechtliche Besonderheiten verstärkt. In der Praxis wird über die Rechtmäßigkeit von Arbeitskämpfen ganz überwiegend im Verfahren des einstweiligen Rechtsschutzes entschieden. Hier ist eine Anrufung des Bundesarbeitsgerichts nicht möglich.[83] In der Folge haben sich in den verschiedenen Landesarbeitsgerichtsbezirken unterschiedliche Voraussetzungen für den Erlass einer Unterlassungsverfügung gegen einen Arbeitskampf entwickelt. Mehrere Landesarbeitsgerichte verlangen hierfür eine „offensichtliche" und nicht nur die „einfache" Rechtswidrigkeit der Kampfmaßnahme.[84]

Für diese Abweichung von den allgemeinen prozessualen Grundsätzen der Glaubhaftmachung des Verfügungsanspruchs[85] gibt es keine rechtliche Grundlage. Sie folgt nicht aus Art. 9 Abs. 3 GG, und zwar schon deshalb nicht, weil rechtswidrige Kampfmaßnahmen vom Schutzbereich der Koalitionsfreiheit nicht umfasst sind.[86] Sie folgt auch nicht, wie in der instanzgerichtlichen Judikatur bisweilen ausgeführt wird,[87] aus der Rechtsprechung des Bundesverfassungsgerichts. Vielmehr gilt: „Das

---

81 LAG Hessen 12.3.2024–10 GLa 229/24, NZA 2024, 711 Rn. 76.
82 LAG Hessen 12.3.2024–10 GLa 229/24, NZA 2024, 711 Rn. 76.
83 Vgl. § 72 Abs. 4 ArbGG.
84 Exemplarisch LAG Hessen, 2.5.2003–9 SaGa 637/03, BeckRS 2003, 30449970 Rn. 31; LAG Köln 12.12.2005–2 Ta 457/05, NZA 2006, 62; LAG Sachsen, 2.11.2007–7 SaGa 19/07, NZA 2008, 59 Rn. 93; LAG Baden-Württemberg 24.2.2016–2 SaGa 1/15, BeckRS 2016, 68197 Rn. 32.
85 § 936 iVm § 920 Abs. 2 ZPO.
86 A.A. *Malorny*, Die Haftung der Gewerkschaft gegenüber ihren Tarifpartnern und Dritten für Schäden bei rechtswidrigen Streiks, 2019, S. 163: Berücksichtigung der Rechtmäßigkeitskriterien erst auf der Ebene der verfassungsrechtlichen Rechtfertigung.
87 Vgl. nur LAG Sachsen 2.11.2007–7 SaGa 19/07, NZA 2008, 59, 67 (70); dazu näher *Höpfner/Schneck*, RdA 2022, 206 (216) mwN.

Verfahrensrecht ist kein Abladeplatz unbewältigter materiellrechtlicher Probleme."[88]

Im Grundsatz zutreffend hat daher das Landesarbeitsgericht Hessen am 9. Januar 2024 im Rahmen der beantragten Unterlassung eines Streiks der GDL ausgeführt, dass eine Beschränkung der gerichtlichen Kontrolle auf „offensichtlich" rechtswidrige Arbeitskämpfe „mit Blick auf den Grundsatz eines effektiven Rechtsschutzes (Art. 20 Abs. 3 GG) und mit Blick auf das rechtliche Gehör (Art. 103 Abs. 1 GG) bedenklich"[89] sei. Sie erschiene auch deshalb problematisch, weil im Arbeitskampfrecht besonders große Schäden beim Arbeitgeber und bei Dritten drohten.[90]

Bei der konkreten Anwendung dieser Grundsätze auf die streitgegenständliche Frage – nämlich, ob die GDL ihre Tariffähigkeit durch Gründung einer Arbeitnehmerüberlassungsgenossenschaft verloren hat[91] – macht das Landesarbeitsgericht Hessen dann aber einen bemerkenswerten Rückzieher. In einem eklatanten Widerspruch zu seinen vorherigen Ausführungen beschränkt es die gerichtliche Kontrolle darauf, ob die Tarifunfähigkeit „offensichtlich gegeben ist und sich jeder sachkundigen Person aus objektiver Sicht ohne weiteres aufdrängen würde".[92] Das Gericht stützt sich dabei auf § 286 Abs. 1 ZPO und meint, es müsse den Antrag abweisen, wenn es um eine komplexe und schwierige Frage gehe, die höchstrichterlich noch nicht entschieden sei.[93] Das ist schon deshalb verfehlt, weil § 286 ZPO eine freie richterliche Beweiswürdigung nur im Hinblick auf Tatsachen und Erfahrungssätze, nicht aber in Bezug auf Rechtsfragen vorsieht. Für deutsches Recht gilt bekanntermaßen der Grundsatz: *iura novit curia*.

Zusammenfassend lässt sich festhalten: Im einstweiligen Rechtsschutz, der für das Arbeitskampfrecht von überragender Bedeutung ist, lässt sich eine Beschränkung von Unterlassungsverfügungen auf „offensichtlich" rechtswidrige Arbeitskämpfe ebenso wenig halten wie ein Rechtsfortbildungsverbot. Das entspricht der einhelligen Auffassung im verfahrensrechtlichen Schrifttum.[94] Entgegen der Rechtsprechung mancher Landesarbeitsgerichte verlangt das Gebot effektiven

---

88 Stein/Jonas/*Bruns*, ZPO, 23. Aufl. 2020, vor § 935 Vorbemerkungen Rn. 66.

89 LAG Hessen 9.1.2024 – 10 GLa 15/24, NZA 2024, 705 Rn. 38.

90 LAG Hessen 9.1.2024 – 10 GLa 15/24, NZA 2024, 705 Rn. 38; ebenso LAG Hessen 12.3.2024 – 10 GLa 229/24, NZA 2024, 711 Rn. 44.

91 Vgl. dazu *Bayreuther*, NZA 2024, 649; *Giesen*, NZA 2024, 25; *Höpfner*, ZFA 2024, 301; *Rieble*, RdA 2024, 340.

92 LAG Hessen 9.1.2024 – 10 GLa 15/24, NZA 2024, 705 Rn. 50.

93 LAG Hessen 9.1.2024 – 10 GLa 15/24, NZA 2024, 705 Rn. 39.

94 Vgl. nur GMP/*Schleusener*, 10. Aufl. 2022, ArbGG § 62 Rn. 113; Natter/Groß/*Pfitzer/Zimmermann*, 2. Aufl. 2013, § 62 ArbGG Rn. 62; MüKoZPO/*Drescher*, 6. Aufl. 2020, ZPO § 935 Rn. 138; Stein/Jonas/ *Grunsky*, 23. Aufl. 2020, ZPO Vor § 935 Rn. 72.

Rechtsschutzes, dass der Kampfgegner sich auch im Eilrechtsschutz gegen jede Form eines rechtswidrigen Arbeitskampfes wehren können muss, und zwar auch dann, wenn es sich um eine neuartige Arbeitskampfmaßnahme handelt oder sonst höchstrichterlich bislang ungeklärte Fragen zu beantworten sind. Der Grundsatz der Einheitlichkeit der Rechtsprechung untersagt es dem Eilrichter lediglich, in einer bereits geklärten Frage von der geltenden höchstrichterlichen Rechtsprechung abzuweichen.

III. Verlust der tatsächlichen Selbstregulierungstendenzen

Die materiell-rechtliche Erweiterung des arbeitskampfrechtlichen Arsenals mitsamt der zurückgenommenen arbeitsgerichtlichen Kontrolle im Eilrechtsschutz trifft heute auf erheblich veränderte wirtschaftliche Rahmenbedingungen.[95] In einem wesentlich größeren Ausmaß als noch vor 50 Jahren ist die heutige Wirtschaft national und international durch starke Verflechtungen und Vernetzungen, gegenseitige Abhängigkeiten, anfällige Lieferketten und Just-in-time-Produktion geprägt. Längst geht es nicht mehr allein darum, beim unmittelbaren Kampfgegner Schäden zu verursachen. Ein großer Teil der von Arbeitskampfmaßnahmen verursachten Schäden tritt bei am Tarifkonflikt unbeteiligten Dritten ein. Dies zeigt sich etwa an dem eingangs angeführten Beispiel der Bahnstreiks und ihren Auswirkungen auf die Stahl- und Chemieindustrie. Fernwirkungen von Arbeitskämpfen sind schon lange nicht mehr die Ausnahme, sondern die Regel. Gewerkschaften nutzen diese Effekte bewusst aus, um mit möglichst geringem Einsatz größtmöglichen Druck aufzubauen. Die Selbstregulierungstendenzen, die das Arbeitskampfrecht von Beginn an geprägt haben, werden dadurch immer weiter reduziert.

Besonders augenscheinlich ist dies beim Streik von Spartengewerkschaften, deren Mitglieder Schlüsselpositionen einnehmen, jedenfalls kurzfristig kaum austauschbar sind und die daher ganze Wertschöpfungsketten bei geringster Eigenbeteiligung lahmlegen können.

Zum Problem der Funktionseliten tritt im Bereich des Schienen- und Luftverkehrs das zusätzliche Problem der Gewerkschaftspluralität hinzu. In beiden Branchen war die Anwendung des Tarifeinheitsgesetzes zunächst durch tarifvertragliche Vereinbarungen zwischen den Arbeitgebern und den konkurrierenden Gewerkschaften abbedungen. Bei der Bahn endete dieser „Burgfrieden" am 31.12. 2020. Seitdem schwebt die Verdrängung des Minderheitentarifvertrags nach § 4a TVG wie ein Damoklesschwert über jeder Tarifrunde mit der EVG, besonders aber

---

95 Dazu auch *Giesen*, Streikrecht, 2022, § 4 Rn. 1 ff. (S. 53 ff.).

mit der viel kleineren GDL. Die Gewerkschaft kämpft um ihre Existenz und versucht mit allen Mitteln, Mitglieder zu gewinnen. Dazu zählt insbesondere die gezielte Eskalation von Tarifkonflikten. Bisher sieht es daher ganz danach aus, dass die zahlreichen Stimmen in der Arbeitsrechtswissenschaft, die sich vor zehn Jahren kritisch zum Tarifeinheitsgesetz geäußert haben,[96] in ihrer Skepsis bestätigt werden.

Schließlich kommt im öffentlichen Dienst und bei staatlich beherrschten Unternehmen wie etwa der Deutschen Bahn AG noch ein weiterer Punkt hinzu: In diesen Branchen muss weder der streikende Arbeitnehmer befürchten, seinen Arbeitsplatz zu verlieren, noch muss die Gewerkschaft Sorge haben, dass der bestreikte Arbeitgeber wirtschaftlich so stark getroffen wird, dass es zu einem Personalabbau kommen wird. Anders als die Privatwirtschaft stehen Behörden und Staatsunternehmen nicht im globalen Wettbewerb. Mäßigende Effekte, die von güter- und arbeitsmarktökonomischen Gegebenheiten ausgehen, fehlen hier, und zwar auf beiden Seiten. So mag die eine oder andere finanzschwache Kommune insgeheim möglicherweise sogar froh sein, wenn die Erzieherinnen in den kommunalen Kindertagesstätten streiken. Sie spart dann den Arbeitslohn, während die Eltern weiter beitragspflichtig bleiben. Es ist also keineswegs zwingend der Fall, dass der Arbeitgeber im Arbeitskampfrecht zugleich als Sachwalter von Allgemeininteressen auftritt.

---

96 Vgl. nur *Greiner*, RdA 2015, 36; *Konzen/Schliemann*, RdA 2015, 1; *Walser*, SR 2016, 109; *Henssler*, BB 2014, Heft 40, Editorial; vgl. auch schon *ders.*, RdA 2011, 65.

C. Die notwendige Reform des Arbeitskampf- und Schlichtungsrechts

Die Antwort auf die Frage nach der Reformbedürftigkeit des Arbeitskampf- und Schlichtungsrechts fällt damit sehr eindeutig aus: Das deutsche Arbeitskampfrecht ist an vielen Stellen reformbedürftig und nicht mehr zeitgemäß. Es ist nicht in der Lage, die Rechtmäßigkeit von Arbeitskämpfen angemessen zu beurteilen. Die entscheidende Anschlussfrage lautet: Wie sollte eine Reform aussehen?

I. Änderung der Rechtsprechung zum Ultima-ratio-Prinzip

Der einfachste Weg bestünde in einer schlichten Änderung der Rechtsprechung. Das richterrechtliche Arbeitskampfrecht müsste dazu nicht einmal fortentwickelt werden. Im Grunde würde die Rückkehr zum Arbeitskampfrecht des Großen Senats des Bundesarbeitsgerichts genügen. Diese ist verfahrensrechtlich ohnehin bereits de lege lata geboten. In der Sache bedeutet eine Rückkehr zur Rechtsprechung des Großen Senats, dass Arbeitskämpfe künftig wieder nur als *ultima ratio* zulässig sein dürfen, und die Arbeitsgerichte diese Voraussetzung auch tatsächlich in der Praxis kontrollieren. Erforderlich ist also neben dem tatsächlichen Abbruch der Verhandlungen[97] auch eine formelle Erklärung des Scheiterns. Außerdem muss in den Bundesländern, in denen ein gesetzliches Schlichtungsverfahren zur Verfügung steht, also in allen alten Bundesländern mit Ausnahme Berlins und des Saarlandes,[98] sowie in allen Branchen, in denen es tarifvertragliche Schlichtungsabkommen gibt, wieder der Vorrang der Schlichtung gelten. Arbeitskämpfe sind dann nach dem Ultima-ratio-Prinzip erst nach dem Scheitern der Schlichtung zulässig.

Für eine derartige Rechtsprechungsänderung gibt es allerdings derzeit keine erkennbaren Anzeichen. Zuständig hierfür wäre der Erste Senat des Bundesarbeitsgerichts. Ob dieser in seiner aktuellen Besetzung gewillt ist, zur Rechtsprechung des Großen Senats zurückzukehren, ist offen. Zudem müsste sich überhaupt erst die Gelegenheit dazu ergeben. Hauptsacheverfahren im arbeitskampfrechtlichen Angelegenheiten sind selten. Typischerweise streiten die Parteien über die

---

[97] Der tatsächliche Abbruch erfordert – entgegen der Rechtsprechung des BAG – zumindest eine Aussetzung aller künftigen Verhandlungstermine in dem Sinn, dass die Bereitschaft zur Wahrnehmung dieser Termine an ein tatsächliches oder erwartetes Entgegenkommen der Gegenseite geknüpft wird. Nicht erforderlich ist hingegen, bereits ergriffene organisatorische Maßnahmen zur Vorbereitung weiterer Verhandlungen rückgängig zu machen.

[98] Im Überblick dazu *Höpfner*, ZFA 2018, 254 (267 ff.).

Rechtmäßigkeit von Arbeitskämpfen ausschließlich im Verfahren des einstweiligen Rechtsschutzes. Dort ist – wie bereits ausgeführt – der Rechtsweg bereits auf der Ebene der Landesarbeitsgerichte erschöpft.[99] Selbst anhängige Hauptsacheverfahren, zuletzt etwa die Feststellungsklage des AGV MOVE wegen einer möglichen Tarifunfähigkeit der GDL nach Gründung der „Fair Train"-Genossenschaft, werden nach der Einigung auf einen Tarifvertrag von der Klägerseite regelmäßig zurückgenommen.

Möglicherweise findet die durch die Änderung von § 5 TVG durch das sog. Tarifautonomiestärkungsgesetz,[100] nach der für die Allgemeinverbindlicherklärung eines Tarifvertrags ein Antrag beider Tarifvertragsparteien erforderlich ist, neu aufgeworfene Frage der Erstreikbarkeit eines derartigen Antrags den Weg nach Erfurt.[101] Hier könnte es zu Hauptsacheverfahren kommen, die bis vor das Bundesarbeitsgericht gelangen. Die ersten Entscheidungen zu dieser Frage ergingen jedoch allesamt in Verfahren des einstweiligen Rechtsschutzes. Dass es hierbei zu einer Vereinheitlichung der Anforderungen an den Erlass einer Unterlassungsverfügung kommen wird, dass also künftig in sämtlichen Landesarbeitsgerichtsbezirken auf die „Offensichtlichkeit" der Rechtswidrigkeit der Arbeitskampfmaßnahme verzichtet wird, ist leider nicht zu erwarten. Das Bundesverfassungsgericht hat diese Frage zuletzt in einer Entscheidung vom April 2020 ausdrücklich offengelassen[102] und wird sich wohl auch künftig nicht dazu äußern.

II. Gesetzliche Regelung des Arbeitskampfrechts

Die vorzugswürdige, wenngleich politisch anspruchsvolle Alternative ist eine gesetzliche Regelung des Arbeitskampfrechts. Es ist ein rechtsstaatlich untragbarer Zustand, dass ein ökonomisch und gesellschaftlich so wichtiges Rechtsgebiet bis heute keine gesetzliche Normierung erfahren hat.[103] Im staatsrechtlichen Schrift-

---

99 Vgl. oben B. II. 4.

100 Gesetz zur Stärkung der Tarifautonomie (Tarifautonomiestärkungsgesetz) vom 11. 8. 2014, BGBl. I 1348.

101 Für deren Zulässigkeit etwa LAG Nürnberg 20. 7. 2023 – 3 SaGa 6/23, NZA-RR 2023, 539; LAG Nürnberg 20. 07. 2023 – 3 SaGa 8/23, BeckRS 2023, 21712; ArbG Bayreuth 17. 07. 2023 – 1 Ga 2/23, BeckRS 2023, 21713; ArbG Köln 6. 6. 2023 – 17 Ga 27/23, NZA-RR 2023, 428; ArbG Stuttgart 9. 6. 2023 – 15 Ga 41/23, BeckRS 2023, 13988; ArbG Würzburg 13. 7. 2023 – 9 Ga 5/23, BeckRS 2023, 21719; dagegen ArbG Nürnberg BeckRS 2023, 21705; *Ubber/von Grundherr*, ZFA 2024, 264; Löwisch/Rieble, TVG, 4. Aufl. 2017, § 5 Rn. 258; *Prokop*, Die Allgemeinverbindlicherklärung nach § 5 TVG, 2017, S. 83 f.

102 BVerfG 7. 4. 2020 – 1 BvR 2674/15, NZA 2020, 667 Rn. 17.

103 Zutreffend *U. Fischer*, RdA 2009, 287.

tum ist das Bundesverfassungsgericht zu Recht auf erhebliche Kritik gestoßen,[104] als es die von ihm entwickelte Wesentlichkeitstheorie im Arbeitskampfrecht für nicht anwendbar erklärt hat, weil es hier nicht um das Verhältnis von Staat und Bürger, sondern um das Verhältnis gleichgeordneter Grundrechtsträger gehe.[105]

In der Arbeitsrechtswissenschaft wurden in den letzten Jahrzehnten mehrere Entwürfe zur Kodifikation des Arbeitskampfrechts entwickelt.[106] Dort findet sich eine ganze Reihe von Regelungsvorschlägen, die auch in ausländischen Rechtsordnungen anzutreffen sind. Dazu zählen u. a.:

– Ankündigungsfristen für Kampfmaßnahmen, und zwar generell, im öffentlichen Sektor oder zumindest für Arbeitskämpfe in der Daseinsvorsorge,[107]
– eine Verpflichtung der Parteien zum Abschluss von Notdienstvereinbarungen oder jedenfalls die Gewährleistung von Notdiensten als Rechtmäßigkeitsvoraussetzung des Arbeitskampfes,[108]
– ein Urabstimmungserfordernis, mit oder ohne Außenwirkung,[109]
– eine Normierung oder Konkretisierung des Verhältnismäßigkeitsgrundsatzes,
– die Kodifizierung des Ultima-ratio-Prinzips mit oder ohne Ausnahme für Warnstreiks,
– ein temporäres behördliches Arbeitskampfverbot, um etwa Streiks vor Feiertagen oder zu Ferienbeginn zu verhindern,[110]
– ein Verbot atypischer Kampfmittel oder sogar ein generelles Arbeitskampfverbot in der Daseinsvorsorge,[111]

---

104 *Kloepfer,* NJW 1985, 2497; Dürig/Herzog/Scholz/*Scholz*, 105. EL August 2024, GG Art. 9 Rn. 168.
105 BVerfG 26.6.1991–1 BvR 779/85, NZA 1991, 809 (810); BVerfG 2.3.1993–1 BvR 1213/85, NJW 1993, 1379 (1380).
106 Etwa *Birk/Konzen/Löwisch/Raiser,* Entwurf eines Gesetzes zur Regelung kollektiver Arbeitskämpfe, 1988; *Franzen/Thüsing/Waldhoff,* Arbeitskampf in der Daseinsvorsorge, 2012 (besprochen von *Bayreuther,* NZA 2013, 704, *Rudkowski,* ZFA 2012, 467 und *Rieble,* LTO v. 23.3.2012, http://www.lto.de//recht/hintergruende/h/gesetzentwurf-fuer-weniger-streiks-in-derdaseinsvorsorge, zuletzt abgerufen am 14.12.2024); *Stegmüller,* NZA 2015, 723.
107 Ankündigungsfristen finden sich etwa in Frankreich, Italien, Litauen, Japan, Südafrika, Brasilien und in den USA.
108 Regelungen zu Notdiensten bzw. minimum service levels, die auch während des Arbeitskampfes gewährleistet werden müssen, finden sich in zahlreichen Rechtsordnung innerhalb und außerhalb Europas.
109 Urabstimmungspflichten gibt es etwa in Australien, Polen, im Vereinigten Königreich und in Russland.
110 Vgl. zur Möglichkeit einer „Streikverschiebung" durch den Präsidenten im türkischen Recht ausführlich *Hekimler,* RdA 2023, 240.
111 Streikverbote in bestimmten Sektoren, in denen wichtige öffentliche Dienste erbracht werden, gibt es etwa in Tschechien. In Frankreich sind im öffentlichen Dienst bestimmte Arten von Arbeitskämpfen verboten, etwa rotierende Streiks, Betriebsbesetzungen und Blockaden.

- ein dem Arbeitskampf verpflichtend vorgeschaltetes Schlichtungsverfahren, in der Daseinsvorsorge ggf. sogar in Form der Zwangsschlichtung,
- die Beschränkung des Arbeitskampfrechts von Minderheitsgewerkschaften im tarifpluralen Betrieb oder zumindest die zeitliche Koordinierung der Friedenspflicht von Tarifverträgen konkurrierender Gewerkschaften
- sowie nicht zuletzt eine Regelung der Haftung für rechtswidrige Arbeitskämpfe.

Eine inhaltliche Auseinandersetzung mit den Einzelheiten dieser Vorschläge kann an dieser Stelle unterbleiben. Dies sprengte nicht nur den dieser Abhandlung zugedachten Rahmen. Vor allem ist ein gesetzgeberischer Vorstoß in Sachen Arbeitskampfgesetz politisch ohnehin aussichtslos, und zwar zum einen, weil der Gesetzgeber sich auf der Rechtsprechung des Bundesverfassungsgerichts zur Einschränkung der Wesentlichkeitstheorie de facto ausruhen kann. Zum anderen sperrt sich das Bundesarbeitsministerium, das von einer vierjährigen Ausnahme (2009–2013) abgesehen seit 1998 unter sozialdemokratischer Leitung steht, ausdrücklich gegen eine Kodifikation des Arbeitskampfrechts. Selbst wenn sich die Ressortzuständigkeit ändern sollte, müsste die dann amtierende Regierung mit heftigsten Widerständen aus den Reihen der Gewerkschaften rechnen.

III. Gesetzliche Regelung der Tarifschlichtung

1. Ziele eines Schlichtungsgesetzes

Mehr Erfolg verspricht ein Gesetz über die Schlichtung kollektiver Arbeitskonflikte. Ein Schlichtungsgesetz hat zwar partiell ähnliche Wirkungen wie ein Arbeitskampfgesetz, insgesamt aber doch eine gänzlich andere Stoßrichtung. Ähnlich wie bei einem Mediationsverfahren besteht das primäre Ziel der Tarifschlichtung in der Förderung der Vertragsverhandlungen. In verfahrenen Situationen sorgt der Schlichter zunächst dafür, dass die Parteien überhaupt wieder miteinander ins Gespräch kommen und miteinander im Gespräch bleiben. Im Gegensatz zum Mediator kann er aber auch inhaltliche Vorschläge für die Beilegung des Tarifkonflikts machen und am Ende einen Schlichtungsspruch fällen, den die Parteien dann annehmen oder ablehnen können. Es geht also darum, die Tarifverhandlungen durch ein Schlichtungsverfahren zu orchestrieren und damit den Tarifabschluss zu fördern. Mit anderen Worten: Die Schlichtung ist ein Instrument zur Förderung der Tarifautonomie und keine Einschränkung der Koalitionsfreiheit.

Daneben kann ein Schlichtungsgesetz quasi als willkommener Reflex dazu beitragen, die volkswirtschaftlichen Schäden, die durch Arbeitskämpfe verursacht werden, auf das erforderliche Ausmaß zu beschränken. Denn jede erfolgreiche

Schlichtung vermeidet arbeitskampfbedingte Schäden bei den Beteiligten, bei unbeteiligten Dritten und der Allgemeinheit.

Damit lässt sich der eingangs geschilderten Entwicklung entgegenwirken, dass Tarifkonflikte zunehmend eskalieren und Arbeitskämpfe zu einem immer früheren Zeitpunkt geführt werden. Es geht darum, Situationen der „Sprachlosigkeit" oder des puren Kräftemessens zu überwinden, indem die Parteien zur Sachdiskussion und zum Austausch bewegt werden. Sinnvoll ist dabei ein Verhandlungsrahmen mit Abkühlungsphasen, aber auch die Förderung der Entscheidungsfindung mittels Schlichterautorität.

2. Wesentliche Inhalte eines Schlichtungsgesetzes

Die wichtigsten Eckpunkte eines Schlichtungsgesetzes sollen im Folgenden kurz skizziert werden:

a) Obligatorische Schlichtung

Das Kernstück einer gesetzlichen Tarifschlichtung besteht in einem dem Arbeitskampf obligatorisch vorgeschalteten Schlichtungsverfahren. Das Kontrollratsgesetz Nr. 35 zeigt, dass eine beiderseitig freiwillige gesetzliche Schlichtung kaum funktioniert. Für die konkrete Ausgestaltung der obligatorischen Schlichtung kommen drei Möglichkeiten in Betracht: Schlichtungszwang, Einlassungszwang und Einlassungsobliegenheit. Für welchen Weg man sich entscheidet, hängt davon ab, welche Ziele das Gesetz verfolgt.

Mit Blick auf die Daseinsvorsorge könnte man sogar über einen Schlichtungszwang nachdenken, wie ihn die Badische Landesschlichtungsordnung,[112] die heute noch in Südbaden gilt, vorsieht. Nach § 12 Abs. 2 der Landesschlichtungsordnung kann das „Badische Ministerium der Wirtschaft und Arbeit" (heute das baden-württembergische Ministerium für Wirtschaft, Arbeit und Tourismus) in den Fällen, in denen einer Streitigkeit wesentliche öffentliche Bedeutung zukommt, von Amts wegen das Schlichtungsverfahren auch gegen den Willen beider Parteien einleiten. Damit könnte man dem Problem entgegenwirken, dass der Arbeitgeber nicht zwingend als Sachwalter von Allgemeinwohlinteressen agiert, etwa im Fall eines Streiks in staatlichen Einrichtungen, dessen finanzielle Auswirkungen nicht den Staat, sondern die gebührenpflichtigen Bürger treffen.

---

112 Badisches Landesgesetz über das Schlichtungswesen bei Arbeitsstreitigkeiten (Landesschlichtungsordnung) vom 19. Oktober 1949, GVBl. 1950, S. 60.

Nach der hier vertretenen Auffassung sollte die gesetzliche Schlichtung allerdings einen konstruktiven Ansatz verfolgen. Nicht die Vermeidung von Arbeitskämpfen steht im Vordergrund, sondern die Hilfestellung für die Konfliktparteien bei der Suche nach einem tariflichen Kompromiss. Stellt man darauf ab, kann es nicht in Betracht kommen, die Parteien an den Schlichtungstisch zu zwingen, wenn keine der beiden Seiten in die Schlichtung gehen will. Die Erfolgsaussicht einer solchen „aufgedrängten Bereicherung" wäre sehr gering.

Damit bleibt noch die Wahl zwischen Einlassungszwang und -obliegenheit. Bei allen dogmatischen Verschiedenheiten ist der praktische Unterschied gering: Im einen Fall kann die Arbeitgeberseite die Gewerkschaften an den Schlichtungstisch zwingen. Im anderen Fall wird die Gewerkschaft freiwillig an der Schlichtung teilnehmen, weil sie anderenfalls keinen Arbeitskampf führen kann. Zu unterschiedlichen Ergebnissen kommen beide Institute nur in dem theoretischen Fall, dass die Gewerkschaft gar nicht die Absicht hat zu streiken. Wenn das aber so ist, dann gibt es auch keinen Grund, sie zur Teilnahme an der Schlichtung zu verpflichten. Die Einlassungsobliegenheit ist als milderes Mittel daher vorzugswürdig, zumal sich bei einem Einlassungszwang die Frage nach der Vereinbarkeit mit Art. 6 der ESC stellt.[113]

b) Schlichtung und Warnstreik

Die Einlassungsobliegenheit stellt im Ergebnis den Rechtszustand wieder her, der nach der Rechtsprechung des Großen Senats des Bundesarbeitsgerichts ohnehin zu gelten hat: Kommt eine Konfliktpartei ihrer Obliegenheit zur Mitwirkung an der Schlichtung nicht nach, sind ihr Angriffsarbeitskampfmaßnahmen verwehrt. Nimmt man das Ultima-ratio-Prinzip ernst, dürfen Arbeitskämpfe als letztes Mittel erst nach Ausschöpfung aller Verständigungsmöglichkeiten geführt werden, zu denen auch das Schlichtungsverfahren zählt. Nach der „reinen Lehre" sind auch verhandlungsbegleitende Warnstreiks unzulässig, sodass Arbeitskämpfe immer erst nach dem Scheitern der Schlichtung möglich sind.

Dies könnte allerdings in Konflikt mit dem Ziel geraten, dass die gesetzliche Schlichtung möglichst effektiv sein soll. Hat die Gewerkschaft überhaupt keine Möglichkeit zum Arbeitskampf, bevor die Schlichtung beginnt, sind deren Erfolgs-

---

113 Nach Ansicht des Europäischen Ausschusses für soziale Rechte verstößt ein Schlichtungs- oder Einlassungszwang gegen das Recht auf Kollektivverhandlungen nach Art. 6 Nr. 3 ESC; vgl. dazu EuArbR/*Schubert*, 5. Aufl. 2024, Art. 6 ESC Rn. 23. Im Übrigen ist auch ein obligatorisches Schlichtungsverfahren mit der Charta vereinbar, solange der Zeitraum der Schlichtung nicht übermäßig lang („excessive") ist (EKSR, Conclusions XVII-1, 2004 S. 23). Gleiches gilt für Ankündigungsfristen für Streiks.

aussichten gering. Dann ist es eher wahrscheinlich, dass die Gewerkschaftsvertreter die Schlichtung aussitzen, um im Anschluss in die Kampfphase überzutreten. Nun ist der Gesetzgeber – anders als der Erste Senat – an die Rechtsprechung des Großen Senats des Bundesarbeitsgerichts nicht gebunden. Er sollte daher in Betracht ziehen, in Anlehnung an die ersten beiden Warnstreik-Entscheidungen des Bundesarbeitsgerichts zeitlich beschränkte Arbeitsniederlegung von zwei bis drei oder ggf. auch vier Stunden vor Beginn der Schlichtung zuzulassen.

Während der Schlichtung – oder je nach Ausgestaltung des Schlichtungsgesetzes ggf. schon zuvor mit der Stellung des Antrags durch eine Partei – gilt grundsätzlich Friedenspflicht, und zwar absolute Friedenspflicht. Anderenfalls könnte die Gewerkschaft parallel zur Schlichtung eine neue Tarifforderung erheben und, sofern man dem hiesigen Vorschlag nach der Zulassung von Warnstreiks folgen will, dafür streiken. Das ist kontraproduktiv und würde den Schlichtungserfolg massiv gefährden. Es bietet sich daher eine Regelung an, die es dem Schlichter erlaubt, das Schlichtungsverfahren für einen bestimmten Zeitraum zu unterbrechen und ein „Pausieren" der Friedenspflicht anzuordnen. Dies könnte ein Ventil sein, um „Druck aus dem Kessel" entweichen zu lassen, wenn das Verfahren anderenfalls zu scheitern droht. Sinnvoll kann das auch in einer Situation sein, in der die Parteien sich im Prinzip einig sind, aber die Gewerkschaft das Ergebnis intern nicht „verkaufen" kann, ohne dass sie zuvor noch einmal die Muskeln spielen lässt.

c) Besetzung der Schlichtungsstelle

Für die Besetzung der Schlichtungsstelle kommen ganz unterschiedliche Modelle in Betracht, vom Einzelschlichter über die Doppelschlichtung mit alternierendem Vorsitz bis hin zu einer paritätisch besetzten Schlichtungsstelle mit Beisitzern unter neutralem Vorsitz. Bei all diesen Varianten kann man zugleich noch differenzieren zwischen einer ständig eingerichteten Schlichtungsstelle und einer Ad-hoc-Bestellung der Schlichter. Jedes diese Modelle hat seine spezifischen Vor- und Nachteile. Der Gesetzgeber sollte den Parteien hier den größtmöglichen Gestaltungsspielraum lassen. Nur für den Fall, dass diese sich nicht auf einen oder mehrere Schlichter einigen können, muss geregelt werden, wer dann entscheidet – etwa der Präsident des zuständigen Landesarbeitsgerichts.

d) Subsidiarität und Abdingbarkeit der gesetzlichen Tarifschlichtung

Generell sollte der Gesetzgeber an der Tradition der bisherigen Schlichtungsgesetze festhalten und dafür sorgen, dass tarifvertragliche Schlichtungsabkommen Vorrang vor der gesetzlichen Schlichtung haben. Dieser Vorrang muss auch für bereits bestehende Schlichtungsvereinbarungen gelten. Denn wenn die Tarifparteien sich tarifautonom auf ein speziell zugeschnittenes Konfliktbeilegungsverfahren verständigt haben, entfällt der Zweck der gesetzlichen Schlichtung; sie wäre dann keine Förderung, sondern ein Eingriff in die Tarifautonomie.

e) Besonderheiten in der Daseinsvorsorge

Der Zweck des Gesetzes entscheidet auch über dessen Reichweite: Der Gedanke, dass die Schlichtung die Parteien bei der Suche nach einem tariflichen Kompromiss unterstützen soll, gilt für sämtliche Tarifkonflikte. Dementsprechend sollte das Schlichtungsgesetz auch einen möglichst weiten Anwendungsbereich haben und sich nicht auf die Daseinsvorsorge beschränken.

Die Besonderheit in der Daseinsvorsorge besteht darin, dass hier nicht nur die Interessen der Konfliktparteien, sondern auch diejenigen der drittbetroffenen Bürger und damit letztlich das Gemeinwohl in einen Ausgleich gebracht werden muss. Diesen Umständen sollte das Gesetz mit einer speziell auf die Daseinsvorsorge beschränkten flankierenden Regelung Rechnung tragen. Eine Zwangsschlichtung bietet sich dafür nicht an, aus meiner Sicht wäre diese auch in der Daseinsvorsorge verfassungswidrig, auch wenn das im Schrifttum bisweilen großzügiger gesehen wird.[114] Die Weimarer Zeit liefert ein warnendes Beispiel dafür, was geschieht, wenn der Schlichter seine Rolle als „Geburtshelfer" verlässt und sich zum „Vater" der Einigung aufschwingt. Aus der Hilfe zur Selbsthilfe wird ein staatliches Lohndiktat.

Ausreichend sind auch im Bereich der Daseinsvorsorge Ankündigungsfristen und die Verpflichtung zu Notdienstarbeiten als Zulässigkeitsvoraussetzung des Arbeitskampfes. Letzteres muss man gar nicht regeln, denn bereits nach geltendem Recht prüfen die Arbeitsgerichte im Rahmen des einstweiligen Rechtsschutzes, ob Notdienste gewährleistet sind. Zu regeln sind aber Ankündigungsfristen für Arbeitskämpfe in der Daseinsvorsorge. Ein Blick ins Ausland zeigt, dass solche Ankündigungsfristen im Bereich der Daseinsvorsorge keine Seltenheit sind.[115] So sind Arbeitskämpfe in Frankreich fünf Tage, in Italien und Japan zehn Tage und in Belgien sogar zwei Wochen vor ihrem Beginn anzukündigen.

f) Keine Zwangsschlichtung

Abschließend hat noch eine Klarstellung zu erfolgen: Der „Zwang", der von der Schlichtung mit Einlassungszwang bzw. Einlassungsobliegenheit ausgeht, beschränkt sich auf die Teilnahme am Verfahren. Es geht nicht darum, dass die

---

114 Etwa *Stegmüller*, NZA 2015, 723; a.A. jüngst wieder LAG Hessen 9.1.2024–10 GLa 15/24, NZ 2024, 705 Rn. 43.
115 Rechtsvergleichend *Schlachter*, EuZA 2019, 81.

Schlichter den Tarifvertragsparteien eine inhaltliche Regelung verbindlich vorschreiben. Der Schlichtungsspruch ist stets ein bloßer Vorschlag. Er wird erst wirksam, wenn beide Tarifparteien ihn annehmen oder sich ggf. vorab unterworfen haben. Eine Pflicht zur Annahme des Schlichtungsspruchs darf es schon mit Blick auf Art. 9 Abs. 3 GG nicht geben. Mit der Schlichtung ist also gerade keine inhaltliche Beeinflussung der tariflichen Willensbildung verbunden.

Ebenso wenig wird das Streikrecht der Gewerkschaften durch ein Schlichtungsgesetz inhaltlich eingeschränkt. Arbeitskampfmaßnahmen werden lediglich zeitlich verzögert. Selbstverständlich kann eine Schlichtung auch scheitern. Wenn eine Partei es von Anfang an darauf anlegt, die Schlichtung scheitern zu lassen, wird man dagegen nichts tun können. Aus den positiven Erfahrungen mit zahlreichen Tarifschlichtungen, die in den letzten Jahrzehnten auf Grundlage tarifvertraglicher Schlichtungsabkommen der jeweiligen Branche, zum Teil auch nach dem Kontrollratsgesetz Nr. 35 und nach der Badischen Landesschlichtungsordnung erfolgt sind,[116] ergibt sich aber doch die begründete Hoffnung, dass aufgrund geschickter Verhandlungsführung der Schlichter und nicht zuletzt auch aufgrund des öffentlichen Drucks, dem die Parteien ausgesetzt sind, sobald die Schlichter einen Einigungsvorschlag gemacht haben, der Arbeitskampf als letztes Mittel weniger häufig zum Einsatz kommen muss als dies bisher der Fall ist. Die Schlichtung stärkt dann nicht nur die Tarifautonomie, sondern fördert zugleich auch das Gemeinwohl, da die Allgemeinheit vor den Schäden überflüssiger Arbeitskämpfe bewahrt wird. Der Gesetzgeber wäre daher gut beraten, für die kommende Legislaturperiode ein „Gesetz über die Schlichtung kollektiver Arbeitskonflikte" auf die Agenda zu setzen.

---

116 Dazu *Arnold*, RdA 1996, 356 (362 ff.).

D. Fazit in Thesen

1. In Deutschland gibt es bis heute keine gesetzliche Regelung des Arbeitskampfes. Das Arbeitskampfrecht besteht fast vollständig aus Richterrecht des Bundesarbeitsgerichts, das in diesem Bereich als Ersatzgesetzgeber agiert. Die Entwicklung des Arbeitskampf-Richterrechts vollzog sich dabei nicht kontinuierlich, sondern ist durch mehrere Kehrtwenden geprägt.

2. Nach der Rechtsprechung des Großen Senats des Bundesarbeitsgerichts stehen Arbeitskämpfe unter dem obersten Gebot der Verhältnismäßigkeit. Sie müssen zur Erreichung rechtmäßiger Ziele geeignet und sachlich erforderlich sein. Auch die Mittel des Arbeitskampfes dürfen nicht über das erforderliche Maß hinausgehen. Das Gemeinwohl darf nicht offensichtlich verletzt werden. Zudem dürfen Arbeitskämpfe nur *ultima ratio* sein.

3. Das Arbeitskampfrecht des Ersten Senats des Bundesarbeitsgerichts hat sich von diesen Vorgaben inzwischen weit entfernt. Besonders deutlich zeigt sich dies am Ultima-ratio-Prinzip. Dieses das Arbeitskampfrecht seit jeher prägende Prinzip hat der Erste Senat de facto bereits 1988 aufgegeben. In der Praxis können Gewerkschaften seitdem völlig frei entscheiden, ob und wann sie streiken. Vor einem Arbeitskampf ist nach der Rechtsprechung des Ersten Senats des Bundesarbeitsgerichts weder eine förmliche Erklärung des Scheiterns der Verhandlungen noch die Durchführung eines Schlichtungsverfahrens erforderlich.

4. Der Grundsatz der Verhältnismäßigkeit soll nach der Rechtsprechung des Bundesarbeitsgerichts der „zentrale Prüfungsmaßstab für die Rechtmäßigkeit von Arbeitskämpfen" sein. Eine nähere Analyse der Rechtsprechungspraxis hat jedoch ergeben, dass die Verhältnismäßigkeitsprüfung de facto vollkommen leerläuft. Es ist keine einzige arbeitsgerichtliche Entscheidung bekannt, in der eine Arbeitskampfmaßnahme als unverhältnismäßig qualifiziert worden ist. Nach der Rechtsprechung des Ersten Senats des Bundesarbeitsgerichts steht den Gewerkschaften heute eine „Arbeitskampfmittelerfindungsfreiheit" zu, von der sie in der Praxis auch Gebrauch machen. Auf dieser Grundlage wurde etwa der „Flashmob" als neuartige Kampfform entwickelt, der das mit Streiks verbundene, disziplinierende Selbstschädigungsmoment fehlt.

5. Die gerichtliche Kontrolle von Arbeitskämpfen beschränkt sich in der aktuellen arbeitsgerichtlichen Praxis auf rein formale Anforderungen: die Einhaltung der tarifvertraglichen Friedenspflicht, die Durchsetzung tariflich regelbarer Forderungen und die Gewährleistung von Notdienstarbeiten während des Arbeitskampfes.

6. Tarifverhandlungen sind in den letzten Jahren zunehmend konfliktträchtig geworden. Gewerkschaften streiken häufiger und zu einem früheren Zeitpunkt. Arbeitskämpfe sind heute nicht mehr allein Instrumente zur Durchsetzung von Tarifforderungen. Sie werden von den Gewerkschaften gezielt zur Mitgliedergewinnung eingesetzt. Im Jahr 2023 gab es nicht nur den zweithöchsten Wert an streikbedingten Ausfalltagen in den letzten 30 Jahren. Vor allem wurden auch die maximale Eskalationsstufe sowie die kumulierte Konfliktintensität von Tarifkonflikten mit den höchsten bisher festgestellten Werten gemessen.

7. In einer arbeitsteiligen Wirtschaft mit starken nationalen und internationalen Verflechtungen, gegenseitigen Abhängigkeiten und anfälligen Lieferketten verursachen Arbeitskämpfe nicht mehr allein beim unmittelbaren Kampfgegner Schäden. Ein großer Teil der verursachten Schäden betrifft am Arbeitskampf nicht beteiligte Dritte, insbesondere Lieferanten, Zulieferer, Abnehmer und Kunden. Gewerkschaften nutzen Fernwirkungseffekte von Arbeitskämpfen gezielt aus, um mit möglichst geringem Einsatz größtmöglichen wirtschaftlichen Druck aufzubauen. Die Selbstregulierungstendenzen, die das Arbeitskampfrecht von Beginn an geprägt haben, werden dadurch immer weiter reduziert, die Parität zwischen beiden Seiten wird gestört.

8. Der Große Senat des Bundesarbeitsgerichts verlangt, dass Gemeinwohlbelange bei der Rechtmäßigkeitsprüfung von Arbeitskämpfen berücksichtigt werden müssen. In der aktuellen arbeitsgerichtlichen Rechtsprechungspraxis beschränkt sich der Einfluss des Gemeinwohls hingegen auf die Gewährleistung unverzichtbarer Notdienstarbeiten. Jenseits dieses engen Ausnahmebereichs werden Gemeinwohlbelange bei der Verhältnismäßigkeitsprüfung von Arbeitskampfmaßnahmen de facto nicht berücksichtigt.

9. Arbeitskämpfe in der Daseinsvorsorge, insbesondere in den Bereichen Verkehr, Gesundheit und Kinderbetreuung, berühren das Gemeinwohl in besonderer Weise. Gleichwohl verzichtet die Rechtsprechung auch bei Arbeitskämpfen in der Daseinsvorsorge ganz überwiegend auf Ankündigungsfristen und generell auf das Erfordernis eines vorgeschalteten obligatorischen Schlichtungsverfahrens.

10. Eine gesetzliche Regelung des Arbeitskampfrechts ist allein schon aus rechtsstaatlichen Gründen geboten. Nach den ernüchternden Erfahrungen mit diversen arbeitskampfrechtlichen Gesetzgebungsvorschlägen aus der Arbeitsrechtswissenschaft ist jedoch nicht zu erwarten, dass ein neuer Vorstoß zur Kodifikation des Arbeitskampfrechts realistische Umsetzungschancen haben würde. Erfolgversprechender erscheint eine punktuelle gesetzliche Regelung der Schlichtung von Tarifkonflikten.

11. Die Tarifschlichtung ist ein Instrument zur Förderung der Tarifautonomie. Ziel eines Schlichtungsgesetzes ist es, die Tarifverhandlungen durch ein Schlich-

tungsverfahren zu orchestrieren und die Konfliktparteien bei der Suche nach einem tariflichen Kompromiss zu unterstützen. Zugleich dient die Schlichtung reflexhaft auch dem Gemeinwohlinteresse, indem sie unbeteiligte Dritte und die Allgemeinheit vor den Schäden unnötiger Arbeitskämpfe bewahrt.

12. Um diese Ziele zu erreichen, sollte ein Schlichtungsgesetz mindestens folgende Inhalte vorsehen:
    – eine obligatorische Schlichtung, die gewährleistet, dass (Erzwingungs-)Arbeitskämpfe erst zulässig sind, wenn das von mindestens einer Partei eingeleitete Schlichtungsverfahren gescheitert ist;
    – eine Friedenspflicht während des Schlichtungsverfahrens, entweder absolut oder mit der Möglichkeit einer vorübergehenden Unterbrechung auf Anordnung des Schlichters;
    – obligatorische Ankündigungsfristen für Arbeitskampfmaßnahmen, entweder generell oder jedenfalls im Bereich der Daseinsvorsorge;
    – die Befugnis des Schlichters, einen Einigungsvorschlag zu machen, der allerdings nur Wirkung entfaltet, wenn beide Parteien ihm zustimmen;
    – die Subsidiarität der gesetzlichen Schlichtung gegenüber tarifvertraglichen Schlichtungsabkommen.

Zum Autor

Prof. Dr. Clemens Höpfner, geb. 1979, ist geschäftsführender Direktor des Instituts für Arbeits- und Wirtschaftsrecht der Universität zu Köln. Er ist Autor zahlreicher Veröffentlichungen zum deutschen und europäischen Arbeitsrecht, zum Bürgerlichen Recht, zum Gesellschaftsrecht und zur Rechtstheorie. Darüber hinaus ist er Schriftleiter und geschäftsführender Herausgeber der Zeitschrift Recht der Arbeit (RdA), Mitherausgeber der Zeitschrift für Arbeitsrecht (ZFA), der Schriften des Instituts für Arbeits- und Wirtschaftsrecht der Universität zu Köln und der Schriftenreihe Studien zum deutschen und europäischen Arbeitsrecht.

Schriftenreihe der Juristischen Gesellschaft zu Berlin

Mitglieder der Gesellschaft erhalten eine Ermäßigung von 40 %

Heft 192 **Das Europäische Insiderhandelsverbot.** Von Prof. Dr. GREGOR BACH-MANN. 64 Seiten. 2015. € 29,95

Heft 193 **Brauchen wir ein drittes Geschlecht?** Von Prof. DR. TOBIAS HELMS. 36 Seiten. 2015. € 19,95

Heft 194 **Der Prozess Jesu – Aus römisch-rechtlicher Perspektive.** Von Prof. Dr. CHRISTOPH G. PAULUS. 36 Seiten. 2016. € 29,95

Heft 195 **Abstammung und Verantwortung.** Von Prof. Dr. NINA DETHLOFF. 21 Seiten. 2017. € 29,95

Heft 196 **Der digitale Pranger.** Von Dr. ULRICH FRANZ. 33 Seiten. 2018. € 29,95

Heft 197 **Sollbruchstellen des deutschen, europäischen und internationalen Flüchtlingsrechts.** Von Prof. Dr. DANIEL THYM. 50 Seiten. 2019. € 29,95

Heft 198 **Reform des deutschen Namensrechts.** Von Prof. Dr. ANATOL DUTTA. 56 Seiten. 2020. € 29,95

Heft 199 **Gentrifizierung als Rechtsproblem – Wohnungspolitik ohne ökonomische und rechtsstaatliche Leitplanken?** Von Prof. Dr. JÜRGEN KÜHLING. 78 Seiten. 2020. € 29,95

Heft 200 **Der russische Angriffskrieg gegen die Ukraine und das Völkerrecht.** Von Prof. Dr. FELIX LANGE. 29 Seiten. 2023. € 29,95

Heft 201 **Zur Aktualität der Privatrechtstheorie Adolf Reinachs.** Von Prof. Dr. MARIETTA AUER. 52 Seiten. 2024. € 29,95

Heft 202 **Das SED-Unrecht und seine strafrechtliche Verfolgung.** Von HANSGEORG BRÄUTIGAM. 30 Seiten. 2024. € 29,95

www.ingramcontent.com/pod-product-compliance
Lightning Source LLC
Chambersburg PA
CBHW061841220326
41599CB00027B/5364